Das Eiswein - kochbuch

von Wolfgang Hornung

Das Eiswein-Kochbuch ist erhältlich über den Buchhandel unter der
ISBN 3-00-018534-8 bis zum 31.12.2006 und ab dem 01.01.2007
unter der ISBN 978-3-00-018534-2.
Sie erhalten das Eiswein-Kochbuch auch bei:
Wolfgang Hornung, Wegastr. 24, 04205 Leipzig, Telefon: 0341-4211945

Druckerei: buch bücher dd ag, 96158 Birkach
Titelgestaltung: Günter Bitter Die Crew, 80336 München
Herausgeber: Wolfgang Hornung

„Wir trinken nicht nur Wein, sondern wir leben mit ihm"

V O R W O R T

An Weinfreunde beiderlei Geschlechts

Sie schlagen hier in erster Linie ein Wein-Kochbuch auf. Der König der Weine, der
E i s w e i n spielt darin eine Rolle.
Kochen gilt als Kunst. Doch Kunst ist erlernbar.

Die Verwendung von Wein in der deutschen Küche hat eine lange Tradition. Man weiß mit
Wein umzugehen.
Weniger bekannt ist, dass sich mit Eiswein und mit Beeren- sowie Trockenbeeren-Auslesen
wunderbare Gerichte auf den Tisch bringen lassen. Mit diesen einzigartigen Weinen erzielen
wir beste Ergebnisse.
Wir müssen dazu nicht in die Ferne schweifen, sondern wir finden sie direkt vor unserer Türe.
Unsere Eisweine ernten wir rein aus klimatischen Gegebenheiten oder Voraussetzungen fast
ausschließlich in heimischen Weinanbaugebieten.

Diesen bisher verdeckten Schatz gilt es hervorzuholen und zu kosten!
Die reichhaltige Auswahl an Rezepten in unserem Eiswein-Kochbuch drängt uns geradezu.
Zufriedene Gesichter werden den Beweis erbringen.

Die vielen Vorspeisen, die Suppen, Hauptgerichte, der Nachtisch, nicht zu vergessen die
Beilagen finden Sie handschriftlich verfasst.
Ergänzt wird das Eiswein-Kochbuch mit Beiträgen wie T r a u b e n s o r t e n , L e s e d e r
T r a u b e n , K e l t e r u n g , W e i n u n d G e s u n d h e i t und anderen. Dabei wird
Vergessenes wieder aufgefrischt.

Natürlich wäre es möglich gewesen, im Kochbuch nur Rezepte zu veröffentlichen. Das käme
jedoch einer Auflistung gleich. Würde Ihnen das genügen ?
Oder ist es nicht interessanter Land und Leute kennen zu lernen, sich persönlich dort
einzufinden, wo Eisweine und Beerenauslesen zu finden sind, wo man Weinkenntnisse
vertiefen und Weine verkosten darf, dort wo Schönes zu sehen und Geschichte erlebt werden
kann?

Die Tätigkeit eines Winzers oder Weinbauern beschränkt sich nicht auf Arbeiten im
Weinkeller oder Weinproben mit Stammkunden in der Weinprobierstube.
Viel Arbeit erwartet ihn im Jahresverlauf draußen im Weinberg.
Frei geht dort der Blick über das Land. Rebstöcke so weit das Auge reicht, in unmittelbarer
Nähe, man ist mittendrin. Fast zum Greifen nahe sind oft alte Burggemäuer, Stadtmauern,
Schlösser auf Hügeln oder im Tale – deutsche Kulturgeschichte und Baukunst zum anfassen.

So sehen wir das in Rüdesheim am Rhein mit dem Niederwalddenkmal, der malerischen Pfalz
bei Kaub mitten im Rheinstrom, Burgen am Lauf der Mosel, in Oppenheim mit der
Katharinenkirche, der Liebfrauenkirche in Worms im Rheinhessischen, Klöster und Kirchen
mitten im Weinberg in pfälzischen Landen, der Starkenburg in Heppenheim/ Bergstraße,
Schloss Wackerbarth im Elbtal, dem Rotweinwanderweg an der Ahr und vielen anderen
Orten.

Deutschlands Geschichte allgemein betrachtet ist bewegt! Friedenszeiten und Kriege haben sich abgewechselt. Die weinanbauenden Länder Südwestdeutschlands, beginnend an Saar und Mosel, dann rheinaufwärts über den Mittelrhein, vorbei an Rheinhessen und der Pfalz bis zum Oberrhein nach Baden-Württemberg haben wechselvolle und unruhige Zeiten erleben müssen, die mit Entbehrungen verbunden waren.

Zusammen mit landsmannschaftlichen Eigenarten (Moselfranken, Rheinfranken, Alemannen) hat dies einen Menschenschlag mitgeformt, der bodenständig und heimatverbunden, schlagfertig und von fröhlicher Art ist.

Er ist stets in der Lage, beim Anblick seiner oft noch mauerumkränzter Dörfer und Orte, zwischen Fachwerkhäusern in kopfsteingepflasterten Gassen, beim Anblick trutziger Burgen, ohne zu Zögern Vergangenheit und Geschichte in seinen Gedanken lebendig werden zu lassen.

Vertiefen Sie sich, liebe Leserin und lieber Leser in unser Eiswein-Kochbuch, erfreuen Sie sich an daraus zubereiteten Gerichten zuhause, reisen Sie in unsere sehenswerten deutschen Weinländer, die sich von den linksrheinischen beschriebenen Ländern aus betrachtet über Baden und Schwaben bis weit östlich hinunter ins Elbtal oder vom Rheingau und von der Bergstraße aus weiter nach dem Bocksbeutelland Franken bis zur Saale-Unstrut hinziehen. Öffnen Sie Augen und Ohren weit und fühlen sie sich hier zuhause.

Singen Sie doch mal wieder! Wein und Gesang gehören zusammen – es sind Brüder.

Ihnen fehlen die Lieder ? Das habe ich nicht erwartet. Doch kann ich Ihnen Hilfestellung geben, denn am Ende des Buches finden Sie einige Lieder über Wein, Liebe, Geselligkeit.

Ein altes Zitat lässt uns wissen: „Wer nicht liebt Wein, Weib und Gesang, der bleibt ein Narr sein Leben lang".

Ergänzend würde noch passen: „ Warum denn in die Ferne schweifen? Sieh, das Gute liegt so nah".

Winzerhäuschen „Schwalbennest" bei Meißen

Inhaltsverzeichnis der handschriftlichen Rezepte

Thunfisch geschmort 95

Wachteln gefüllt 97

Wildente mit Eiswein-Feigen 102

Nachtisch, Kuchen, Obst

Apfelkuchen * 105

Bratäpfel in Wein-Karamell 28

Eiswein-Eiercreme-Kuchen 30

Eisweingebäck mit Gänsefett 30

Gewürztraminer-Melone 36

Haselnußkuchen mit Sauerkirschen 79

Hefezopf mit Früchten und Wein 37

Huxelrebe-Creme 41

Melonen mit Eiswein und Portwein 55

Spätburgunder-Rotweinkuchen 93

Spätburgunder-Eisweintorte 93

Weihnachtsbrot 98

Weinäpfel 99

Weincreme Großvaters Art 99

Weinküchle-Auflauf der Jahrhundertwende 99

Weinschaum heiß oder kalt 100

Weinschaum-Soße herbstlich 100

Weinschnitten 101

Weißwein-Aprikosen-Mus 101

Wingertspfirsich in Traminer 103

Beilagen

Aspik 78

* die mit einem Stern versehenen Rezepte passen zum Wein, sind aber nicht damit zubereitet

Der Eiswein

Ein Natur-Ereignis - köstliche Rezepte dazu.

Hier ist primär ein Kochbuch entstanden mit wunderbaren Gerichten, die man mit Eiswein, aber auch mit Beeren- und Trockenbeerenauslesen zubereiten kann.

1814 bis 2006 = 192 Jahre !!
Eine enorme Zeitspanne. Eine vergangene Zeit, die viele Generationen vor uns kommen und gehen sah. Genau so viele Jahre kann es dauern, bis man Freudiges und Einzigartiges entdeckt und bewusst wahrnimmt.

Seit dieser Zeit kennen wir in Deutschland den E i s w e i n !
Der Eiswein hat sich seit 1814, als er das erste Mal im Rheinland aufgetaucht ist, bis zum heutigen Tage in der Tradition unserer deutschen Winzer und unter Weintrinkern einen festen Platz erobert und einen zwar kleinen, aber dafür treuen Liebhaberkreis um sich geschart.

Etwas zu beschreiben, was bald ein zweihundertjähriges Jubiläum feiern darf, ist nicht allzu schwer, aber man muss dabei weit ausholen und zurückgehen.

Das Jahr 1814 war für uns Deutsche in doppelter Hinsicht ein Jubeljahr.
Im früh eingebrochenen Winter damals wurde also am Mittelrhein der erste Eiswein gelesen und gekeltert.
Darauf können wir stolz sein! Kaum ein anderes weinanbauendes Land der Erde bringt so wie wir die klimatischen Voraussetzungen mit, die es ihm überhaupt erlauben, einen Eiswein anzubieten.
Um allgemein betrachtet einen guten Wein zu erzeugen, braucht der Winzer außer guten Böden das richtige Klima, welches Trauben reifen lässt, ausreichende Sonnenstunden, Morgennebel, er braucht Regentage und möglichst keine frühen vorzeitigen Nachtfröste.
Bei der Lese eines Eisweines jedoch braucht er eine Engelsgeduld, Risikofreudigkeit, dazu eine kalte Nacht mit mindestens 7 Minusgraden, am Rebstock gefrorene Trauben mit einem gesetzlich vorgeschriebenen Mindestmostgewicht von 125 Grad Oechsle, er muss den genauen Zeitpunkt der Traubenlese erkennen und dann sofort Lesekräfte zur Hand haben, welche im Eiltempo die gefrorenen Trauben zum Keltern zur Traubenpresse bringen, wo sie ebenfalls noch im gefrorenen Zustand ungemaischt ausgepresst werden müssen.
Weiterhin muss der Winzer als Erzeuger ohne zu zögern dies zeitgleich der zuständigen Amtsstelle melden, die die gelesene Traubenmenge prüft, notiert und beglaubigt, um einen Missbrauch gänzlich auszuschließen.
Der Winzer wird nicht so vermessen sein, ganze Weinberg- oder Wingertlagen ausschließlich für einen Eiswein oder im anderen Falle auch für eine Trockenbeerenauslese stehen oder hängen zu lassen. Witterungsbedingt kann ihm ein großer Schaden entstehen, wenn seine Trauben verderben. Deshalb wird die zum Genuß und zum Verkauf stehende Menge Eiswein naturgemäß nur gering sein.
Wir sehen also, dass allein der Zeitaufwand einer Lese bis zur Kelterung, der Ausbau dieses Weines und das spätere Abziehen auf Flaschen sehr viel Zeit beansprucht.
Dafür erreicht der Winzer aber hochfeine edle Weine, die es lohnen sie kennenzulernen, sie zu schätzen und auch den höheren Preis für dieses Naturprodukt anzuerkennen.

Als zweites – sprich Doppeljubiläum –haben wohl Tausende von Personen in diesem besagten Jahre 1814 nichts von dieser ersten Eiswein-Lese mitbekommen und wenn es so gewesen wäre, so hätte ihnen die Zeit und die Muße dazu sicher gefehlt.

Was war geschehen?

Es war die Zeit als Napoleon I.. der sich 1804 in Frankreich selbst zum Kaiser ausgerufen hatte, in der Völkerschlacht zu Leipzig (vom 16.10.1813 bis 19.10.1813) entscheidend geschlagen wurde und die Macht des Korsen (geb. 1769 in Ajaccio/Korsika, gest. 1821 in St. Helena in der Verbannung) endgültig gebrochen war. Er trat mit seinen Truppen die Flucht an und überschritt am 1.1.1814 mit seiner geschlagenen Armee an der Pfalz bei Kaub den Rhein in Richtung Frankreich.
Verfolgt wurden die Franzosen von preußischen Truppen unter dem volkstümlich „Marschall Vorwärts" genannten preußischen Feldmarschall Gebhard Leberecht B l ü c h e r Fürst von Wahlstatt (geb. 1742 und gest. 1819).
Blücher siegte bereits im Jahre 1813 an der Katzbach (einem Nebenfluß der Oder in Schlesien) und bei Möckern gegen die Franzosen.
Er schlug Napoleon I. in Frankreich bei La Rothière und bei Laon.
Nach wechselvollen Kämpfen eroberten die Verbündeten am 30.3.1814 die Hauptstadt Paris.
Während des Wiener Kongresses 1815 kehrte Napoleon I. zurück.
Er besiegte Blücher bei Ligny (16.6.1815) und griff die britische Armee unter Arthur Wellesley W e l l i n g t o n (geb. 1769, gest. 1852) am 18.6.1815 bei Waterloo (einer Stadt südlich von Brüssel) an, wurde aber dank Blüchers rechtzeitigem Eintreffen entscheidend besiegt.
Blüchers Generalstabschef G n e i s e n a u August Graf Neidhardt von (geb.1760, gest. 1831), der 1807 die Festung Kolberg/Pommern gegen die Franzosen gehalten hatte, beteiligte sich ebenfalls am Sieg der verbündeten Preußen und Briten. Frankreichs Hauptstadt Paris ergab sich am 7.7.1815 wiederum.

Danach trat Friede ein in einem geplagten Land. Mit Beendigung der Kriegshandlungen musste Frankreich 1815 die linksrheinischen Rheinlande und die Pfalz wieder an Deutschland zurückgeben.

Wäre sonst vielleicht der Eiswein nicht mal unsere Erfindung ?!

Die romantische Gegend am M i t t e l r h e i n , wo 1814 der erste Eiswein gelesen wurde, blieb glücklicherweise nicht Deutschlands einzige Lesestätte.
Zusammen mit vielen weiteren köstlichen Weinen genießen wir diese einmalige Spezialität sowohl im nahen
R h e i n g a u , dessen Weinbergslagen rechtsrheinisch zwischen Hochheim am Main und Lorch am Rhein liegen und Weltgeltung erlangt haben,
an M o s e l , S a a r , R u w e r
mit ihren Steillagen, die das größte geschlossene Steillagebiet der Welt darstellen und den etwa 75 Millionen Rebstöcken, wo der angebaute Riesling die Nr. 1 ist,
im linksrheinischen R h e i n h e s s e n,
dem fruchtbaren Hügelland zwischen Worms (Deutschlands ältester Stadt), Mainz, Bingen und Alzey, wo die größte Silvaner-Rebanbaufläche der Welt ist, wo Winzersekte im klassischen Flaschengärungsverfahren angeboten werden,
ebenfalls linksrheinisch in der gesegneten P f a l z
mit ihren kräftig-fruchtigen Weinen, wo der Riesling ca. 21% Rebfläche aufweist und wo viel Portugieser-Rotwein angebaut wird, wo fast jedes Wochenende im Herbst irgendwo ein Weinfest stattfindet.

in B a d e n,
dem Burgunderland, wo der Spätburgunder nur in besten Lagen gedeiht und seit mehr als tausend Jahren in Deutschland heimisch ist,
in W ü r t t e m b e r g,
wo der Trollinger als leichter und rassiger Wein zum „schwäbischen Nationalgetränk" wurde, gefolgt von dem ebenfalls roten Lemberger als spätreifender Traube,
in F r a n k e n,
wo hauptsächlich der fränkisch-trockene Silvaner in der typischen geschützten Bocksbeutelflasche angeboten wird.
Vergessen wollen wir auch nicht die N a h e, die uns edle Weine genießen lässt, die A h r mit ihren guten Rotweinen. Die Ahr ist Deutschlands nördlichstes Anbaugebiet, die H e s s i s c h e B e r g s t r a ß e am Fuße des Odenwaldes, wo der Riesling die Hauptsorte bildet, das Gebiet S a a l e – U n s t r u t, wo Weinbau seit 998 betrieben wird und die Weine traditionell trocken ausgebaut sind. Die Hauptsorte dort ist der Müller-Thurgau, gefolgt vom Silvaner. Das E l b t a l ist das am weitesten nordöstlich gelegene Weinanbaugebiet Europas und gleichzeitig Deutschlands kleinstes.

Wir sehen also bereits hier, dass Deutschland innerhalb aller Wein-Nationen auf dieser Welt seinen guten Platz zu Recht beanspruchen darf.
Freunde unseres Weines aus allen Ländern sind gerne bei uns zu Gast, kosten und lieben unsere vorzüglichen Weiß- und Rotweine, den Weißherbst und andere Rosee-Weine und schließen eine Freundschaft, die ein Leben lang hält.

Langsam stellt sich bei dieser Lektüre bestimmt der Hunger ein.
Wir möchten gerne mehr erfahren und stellen die Frage, weshalb jetzt ein Kochbuch mit deutschen Eisweinen erscheint ?! Sein oder Nichtsein heißt hier die Frage.
Diverse gute Rezepte mit Eiswein oder mit Beeren-Auslesen sind schon aufgetaucht; es hielt sich aber in engen Grenzen und stellt deshalb keinen Hinderungsgrund dar, darüber zu berichten, zu unterhalten und gemachte Koch-Erfahrungen als Anregung weiterzugeben.
Beim Kochen verwenden wir – und das schon in Zeiten unserer Vorfahren – Weiß- und Rotweine in der Küche. Wir erhalten Weine in den Güteklassen QbA=Qualitätswein bestimmer Anbaugebiete, als Kabinett-Weine und als Spät- und Auslesen.
Rezepte mit Eiswein, mit Beeren- und Trockenbeeren-Auslesen sind, wie schon erwähnt, dünn gesät bei uns. Doch das muß nicht so bleiben.
Bekannt aus den vielen vorhandenen Kochbüchern sind uns Gerichte mit südländischen Dessertweinen (Malaga, Madeira, Marsala, Sherry u.a.). Sobald diese Weine zu einem landestypischen Gericht passen, sollen sie auch verwendet werden.
Bedenken sollten wir jedoch im Vergleich, dass es sich hier um aufgespritete Weine handelt, die also mit Branntwein versetzt wurden und dadurch einen höheren Alkoholgehalt aufweisen, wogegen ein E i s w e i n e i n N a t u r p r o d u k t ist!

Mit Eiswein und mit Beeren-Auslesen lassen sich viele Vorspeisen, Hauptgerichte und Nachtische auch zubereiten. Man muß sich nur ranwagen! Die beschriebenen Rezepte in diesem Buch sind erprobt und haben sich bewährt.
Obwohl wir in Deutschland doch so vieles zu bieten haben in jeder Hinsicht, so stellen wir unser Licht manchmal unter den Scheffel und wundern uns, wenn es nicht heller wird.
Daran sollten wir manchmal denken und nicht ausnahmslos alles bewundern und/oder übernehmen, was bei uns eindringt.

Wir wollen nochmals auf die Zeit 1814 zurückgreifen. In dieser schweren Zeit stand den Leuten nicht der Kopf danach, Gerichte mit Eiswein auszuprobieren. Sowohl Blüchers Truppe stand danach nicht der Sinn und den Franzosen waren wohl als erstes die Truppenköche abhanden gekommen. So ist es wohl gekommen, dass fast zwei Jahrhunderte lang außer in Deutschland der Eiswein ein Schattendasein geführt hat.

Etwas im Leben bringt den Menschen aber immer einmal dazu, dass ihm ein Umstand vor Augen kommt, der ihn entweder erfreut oder gar stört, sodass er sich damit auseinandersetzen wird.

Einen diesbezüglichen Anstoß erhielt ich, als ich in einer großen deutschen Tageszeitung las, dass fünf hochdekorierte Starköche unseres französischen Nachbarlandes in den Rheingau zu einer Weinprobe geladen wurden, um den Eiswein und Gerichte mit demselben kennen zu lernen.

Die Herren waren begeistert und voll des Lobes über diesen Wein und priesen die vielfältigen Möglichkeiten des Einsatzes dieser Weinspezialität in ihrer eigenen heimischen Küche. Man sah „ungeahnte Möglichkeiten für Frankreichs Küche".

Nun habe ich erwartet, dass nach so einem Lob aus berufenem Munde umgehend herrliche Kreationen dieser Sterneköche in den Feinschmecker-Zeitschriften auftauchen würden, aber da habe ich mich vertan. Man hat wohl 1.) nur gelobt – nicht erprobt, 2.) es war zu gut – man hat es für sich behalten.

Wie dem auch sei: Man muß sich an diese Regelung und Auslegung nicht gebunden fühlen und wir eröffnen ohne Zögern unsere eigene Schatztruhe.

Genießen Sie daher, liebe Leserin, lieber Leser, Weinfreund und Kenner eines Eisweines die herrlichen Rezepte und erfreuen Sie damit die Familie, Freunde, Bekannte und Gäste bei sich. Besuchen Sie Winzer und Weingüter, die ihre Weine noch selbst vermarkten.

Eisweine, Beeren- und Trockenbeeren-Auslesen werden Sie nicht bei allen finden.

Die Suche nach diesen Köstlichkeiten wird Sie aber begeistern und gleichzeitig lernen Sie wieder ein weiteres schönes Stück unserer deutschen Heimat kennen.

Holen Sie unverzüglich das erwähnte Licht unter dem Scheffel hervor – es weist Ihnen den Weg zu echten und unverwechselbaren Kostbarkeiten in Winzerstuben und urigen Kellergewölben.

Schloss Wackerbarth im Elbtal

Die wundersame Vermehrung.

Als es im Jahre 1989 bei unserer deutschen Wiedervereinigung hieß „Jetzt wächst zusammen, was zusammengehört" hat wohl mancher seine eigenen Gedanken gehabt.

Was die Anzahl deutscher Weinanbaugebiete betrifft, so hat tatsächlich deren Zahl eine Vermehrung erfahren (von bisher 11 Bereichen auf nunmehr 13 Bereiche) indem das Gebiet SAALE UNSTRUT und das Gebiet ELBETAL dazu kamen und unsere Wein-Auswahl noch größer und leistungsfähiger wurde.

Wollte man im vorliegenden Eiswein-Kochbuch jetzt nur Fotos und Bilder dieser mehr oder minder großen Weinanbaugebiete veröffentlichen, so würde ein reiner Bildband entstehen, weil es so viele Sehenswürdigkeiten gibt, die es lohnen würden, sie festzuhalten.

Dann könnte man aber nicht mehr von einem reinen Kochbuch sprechen und gerade das soll das Eiswein-Kochbuch ja sein!

Es wurde aber versucht jede Weingegend bildlich darzustellen. Hier treten gewisse Schwierigkeiten auf, denn man möchte gerne von allem etwas darstellen, aber es ist unmöglich!
Deshalb sind die einzelnen Fotos oder Bilder von Gegenden, Weinlagen, Orten usw. nicht so zu interpretieren, dass das malerischste Dorf, die beste Weinlage, die älteste Burg, der verschlungenste Weinlehrpfad oder ähnliches dargestellt wird, sondern das ausgewählte Bild/Foto stellt von jeder Region ein Glied dar, aber ein besonders schönes Glied.

Ich hoffe sehr, dass diese getroffene Festlegung Ihre Zustimmung findet.
Erfreuen Sie sich an diesen schönen Aufnahmen!

Wenn diese Fotos Ihre Reiselust geweckt haben, dann werden sie ein „Trauben-Tourist" werden, um von Ort zu Ort zu ziehen, zu proben, zu prüfen und dann den Favoriten der eigenen Wahl mit zu sich nach Hause zu nehmen.
Der Wein wird dann nochmals Erinnerungen wecken, die Phantasie beflügeln, alle Sinne beleben und jeder bedächtige Schluck aus dem Weinglas wird bestätigen wie lehrreich und erfrischend der Entschluss von Ihnen war auf der Spur des Weins zu bleiben.

Weinkenner und Weinfreunde können sich das folgende Motto zu Herzen nehmen.
Es stammt von Ernst Jünger, dem Schriftsteller (geb. 1895), der in seinen Werken zum Symbolischen neigte und feststellte:

„Nichts macht eine Landschaft vertrauter als der Genuß der Weine, die auf ihrer Erde gewachsen und von ihrer Sonne durchleuchtet sind"

Eisweinlese in Waldulm

Weinberge in Auggen / Markgräflerland

Weinberge in Schliengen / Markgräflerland

Reblandschaft mit Totenkopf

Vogtsburg im Kaiserstuhl / Baden

Oberbergen – Eichholz mit Reblandschaft

Winterbild – Eiswein in Ihringen im Kaiserstuhl

Die Pfalz bei Kaub / Mittelrhein

Gundelsheim / Deutschordensstadt am Neckar

Oppenheim / Rheinhessen mit der Katharinenkirche

Bechtheim / Rheinhessen

Walporzheim / Ahr

Ortsansicht von Guldental

Langenlonsheim – Guldental an der Nahe

Guldental / alte Kelter

Würzburg am Main

Weinberge und die Festung Marienberg

Rüdesheim am Rhein mit dem Niederwalddenkmal

Hessische Bergstraße / Heppenheim mit der Starkenburg

Wachtenburg in Wachenheim / Pfalz

Freyburg / Saale-Unstrut

Achkarren im Kaiserstuhl

Trittenheim an der Mosel

Piesport an der Mosel

Blick zum Spitzhaus Radebeul / Elbtal

Die Elbe bei Meißen

Die Winzergemeinde Hagnau am Bodensee

Weinstadt Lauda-Königshofen im Taubertal

Bratäpfel in Wein-Karamell

Zutaten: 60 g zimmerwarme Butter, 100g Zucker, nochmals
3 Eßlöffel Zucker, 1 Teelöffel abgerieb. Schale einer unbehandelten
Orange, 4 große, feste Äpfel (am besten Reinetten oder Cox orange),
Saft einer halben Zitrone, etwas Safran (in Pulverform),
125 ml Riesling Eiswein.

Zubereitung:

Den Backofen auf 165° (Gas: 2) vorheizen.

Butter mit 100g Zucker und Orangenschale geschmeidig rühren.
Äpfel mit dem Ausstecher entkernen, die Äpfel nur im oberen
Drittel schälen und diesen Bereich sofort mit Zitronensaft
einreiben. Die Buttercreme in die Höhlung füllen und
etwas über die geschälten Flächen verteilen.

Äpfel aufrecht in eine ofenfeste Form setzen, in der sie
noch etwas Platz nebeneinander haben. Auch hier die
geschälten Flächen mit dem Safran bestreuen.

Den Riesling Eiswein angießen (nicht über die Äpfel!).
Äpfel etwa 45 Min. backen und dabei mehrmals mit dem
Eiswein begießen. Sie sind gar, wenn eine Nadel sich
ohne Widerstand einstechen läßt.

Da beim Bratvorgang ein Teil der Füllung zerläuft,
die Äpfel mit übriggebliebener Buttercreme auffüllen.
Äpfel außen mit 3 Eßl. Zucker bestreuen. Ofentemperatur
auf 230°(Gas: 5) erhöhen. Sobald Zucker karamelisiert, die
Äpfel aus dem Backofen nehmen. Heiß oder lauwarm servieren.

Champignon-Rumpsteaks

Zutaten: 4 Rumpsteaks von je 300g (gut abgehangen), 60 ml
Olivenöl, 350g frische Champignons, 125 ml Sahne,
125 ml Hühnerbrühe, 1 TL Basilikum (getrocknet),
2-3 EL Ruländer Eiswein, 1 Knoblauchzehe (zerdrückt).

Zubereitung: Fett und Sehnen vom Fleisch lösen. 2 EL Olivenöl
stark erhitzen und Rumpsteaks 2 Min. von jeder Seite scharf
anbraten, damit sich Poren schließen, dabei einmal wenden.
Hitze verringern und bei mittlerer Temperatur 2-4 Min. (medium),
bzw. 4-6 Min. (durch) je Seite weiterbraten. Rumpsteaks der
Pfanne entnehmen, auf Küchenkrepp abtropfen lassen, warmstellen. Im restlichen Öl Champignons und Knoblauch bei
mittlerer Hitze 5 Min. bräunen. Eiswein, Hühnerbrühe,
Sahne und Basilikum zugeben. Die Mischung aufkochen
und ohne Deckel 2 Min. unter ständigem Rühren weiterkochen, bis die Sauce eindickt.
Pfanne vom Herd ziehen und Sauce über Steaks geben.

Hausmachernudeln

Zutaten: 300g Mehl, 2 Eier, Salz, etwas Wasser.

Zubereitung: Mehl auf Nudelbrett sieben, Vertiefung eindrücken,
übrige Zutaten beifügen und kräftig verkneten, bis ein geschmei-
diger Teig entsteht. Diesen vierteln, 20 Min. ruhen lassen, dünn
ausrollen, einige Minuten antrocknen lassen. Zusammenrollen,
beliebig breit schneiden, trocknen lassen und in kochendem
Salzwasser ca. 10 Min. garen, kurz abbrausen, anrichten.

Eiswein - Eiercreme - Kuchen　　　für 6-8 Pers.

Zutaten: 175 g Mehl, 3 EL Margarine (feste Konsistenz und gewürfelt)
　　　　3 EL weißes Kokosfett (gewürfelt).

Füllung: 3 Eier, 2 EL brauner Zucker, 4 EL Scheurebe Eiswein,
　　　　250 ml Milch, frisch gerieb. Muskatnuß.

Zubereitung: Margarine und Kokosfett in das gesiebte Mehl
hineinreiben, bis eine krümelige Masse entsteht. Genügend
kaltes Wasser einrühren, bis ein glatter Teig entsteht.
In Klarsichtfolie gewickelt 30 Min. kalt stellen. Ofen auf 190°
(Gas: 5) vorheizen. Den Teig zu einem Kreis von 25 cm Ø ausrollen und in eine Quicheform (Ø 20 cm) mit geriffeltem Rand
legen. Mit Alufolie und Backbohnen ausgelegt 12 Min. blind backen.
Füllung: Eier und Zucker in Schüssel leicht verquirlen, Milch bis
kurz vorm Siedepunkt erhitzen, Eiswein einrühren und mit dem
Schneebesen in die Eier-Zucker-Mischung rühren.
Leicht abkühlen lassen, durch Sieb in einen Krug gießen.
Alufolie und Backbohnen aus der Form nehmen, Füllung eingießen,
mit etwas Muskat bestreuen. Den Kuchen 20 - 35 Min. backen,
bis die Eiercreme fest ist.

Eiswein - Gebäck mit Gänsefett

Zutaten für 1.000 g Gebäck: 500 g Mehl, 80 g Gänsefett, 150 ml
　　　　Eiswein, 80 g leichtes Olivenöl, 150 g Zucker.

Zubereitung: Mehl auf Arbeitsfläche häufen, Mulde eindrücken, den
Eiswein, Gänsefett, Zucker, Öl reingeben und langsam zum weichen Teig
kneten. 3 mm dick ausrollen, 5 cm große Kreise ausstechen. Kleines
Loch einritzen. Auf gefettetem Blech bei 180° 15-20 Min. backen.
Beim Ausbacken darauf achten, daß Gebäck nicht zu hart wird.

Fasan mit Schinken und Trauben

Zutaten: 1 Fasan (zerteilt in Brust und Schenkel), 500 g weiße
und rote Weintrauben, 12 Scheiben Schwarzwälder Schinken,
frische Rosmarin- und Thymianblättchen, 1 große Zwiebel,
Salz, Pfeffer, 1 Glas Spätburgunder Eiswein, Olivenöl.

Zubereitung: Fasan innen und außen salzen und pfeffern und
kurz in heißem Olivenöl anbräunen.
Aus der Pfanne nehmen, mit den Würzkräutern belegen, mit den
Schinkenscheiben umwickeln und bei reduzierter Hitze schmoren.
Nach etwa 10 Min. erstmals mit wenig Eiswein ablöschen und
dies mehrmals wiederholen.
Die Fasanenteile entnehmen und warm halten.
Die Schinkenscheiben haben wir ja nicht alle verwenden müssen,
deshalb schneiden wir den Rest in Streifen, hacken diese quer und
geben sie mit den weißen und roten Trauben und der sehr fein
gewürfelten Zwiebel in die Pfanne, wo alles 2-4 Min. schmort.
Grießklöße eignen sich bestens dazu.

Grießklöße

Zutaten: ¾ l Milch, ca. 300 g Grieß, 25 g Butter, Salz, 2 Eier,
Muskatnuß, geröstete Semmelwürfel.

Zubereitung: Milch mit Butter, Salz, Muskatnuß aufkochen.
Langsam den Grieß einrieseln lassen und unter ständigem Rühren
2 Min. kochen lassen, vom Feuer nehmen, etwas abkühlen lassen.
Eier nacheinander mit dem Grießbrei verrühren, die Masse kalt
werden lassen, mit bemehlten Händen Klöße formen und diese
mit gerösteten Semmelwürfeln füllen.
Die Grießklöße in leicht kochendem Wasser garen.

Gänsebraten gefüllt   für 6 - 8 Pers.

__Zutaten:__ 1 junge Gans von 3 - 4 Kg., 800g Salami, 2 Eigelb, Salz,
Pfeffer, 20g Röstkastanien, 100g grüne Oliven o. Stein, 1 Stengel
Staudensellerie, 2 schwarze Trüffel, 2 Zwiebeln, 2 Karotten,
3 Knoblauchzehen, 1 Salbeizweig, __3 dl Ruländer Eiswein.__

__Zubereitung:__ Eine junge Gans mit fetten Seiten und dünner Haut
wählen. Rupfen, absengen, ausnehmen und Leber beiseite tun.
Die Füße (nur Teil mit Schwimmhäuten), Kopf und Gänsehals 10 cm
vom Körper abschneiden. Den Rücken bis zu den Keulen einschneiden, das Gabelbein entfernen. Flügelspitzen, Hals (ohne den
Kopf) und Brustbein in Stücke schneiden, sie werden mit der Gans
gekocht.
Die Gänseleber, kleingewürfelte Salami, Eigelbe, Salz, Pfeffer zu
einem Teig verarbeiten. Die ganzen geschälten Kastanien, Oliven
und Trüffel gewürfelt zugeben. Salzen und pfeffern, Füllung
in die Gans geben und mit Garn zunähen.
Zerkleinertes Gemüse, Knoblauch, Salbei in großen ovalen Bräter
geben, darauf die Gans und die Knochenstücke. Aufgelegten Deckel
einen Spalt offen lassen, damit Dampf abziehen kann.
Bei 200° 2 - 3 Stunden im Backofen braten. Ab und zu wenden!
Ist die Gans goldbraun, herausnehmen und warmstellen.
Den Bräter auf den Herd stellen, den Eiswein angießen, um den
entstandenen Bratfond zu lösen. Soße filtern, wieder zurückgeben
in den Bräter, wo die Soße noch etwas einkochen darf.
Den schmackhaften Gänsebraten etwas ruhen lassen, dann
zerlegen. Brust längs aufschneiden, Bruststücke schräg in
Scheiben. Fleisch abwechselnd mit Scheiben der Füllung anrichten
und salzen. Der Soße wegen bieten sich Knödel dazu an.

Gänsebrust » geröstet «   für 4 Personen

Zutaten: 2 Gänsebrüste zu je 350g, 1 Knoblauchzehe, Lorbeerblatt,
Gewürztraminer Beerenauslese, brauner Fond oder Butter-Mehl-
Schwitze, Salz, Pfeffer, etwas kalte Butter.

Zubereitung: Gänsebrüste mit der Knoblauchzehe und dem Lorbeer-
blatt in Alufolie einwickeln und bei 250° 15 Min. im Backofen garen.
Alufolie dann öffnen, Flüssigkeit und Gewürze beiseite stellen, die
Bruststücke mit der Haut nach unten in Pfanne legen, bei schwacher
Hitze ca. 10 Min. braten, sodaß die Haut goldbraun wird.
Danach wenden und weitere 2 Min. braten.   Soße bereiten:
Flüssigkeit und Gewürze aus der Alufolie in eine Pfanne geben, ein
wenig Beerenauslese, Salz, Pfeffer, Fond und Butter zugeben.
Kochen lassen, dabei gut rühren, bis eine glatte Soße entsteht. Gewürze
herausnehmen. Gänsebrust in dünne Scheiben schneiden, auf
Tellern anrichten und Soße darüber gießen.
Dazu in Gänsefett gebratene Ofenkartoffeln.

Gänseleberpastete

Zutaten: 250g frische Gänseleber, 1 Gänseherz, 250g Kalbfleisch,
150g weißer Rückenspeck, Pastetengewürz, 1 frisches Ei,
geriebene Zwiebel, Majoran, Scheurebe Eiswein, kleines
Glas Trüffeln, einige dünne Speckscheiben.

Zubereitung: Die Gänseleber, das Gänseherz, das Kalbfleisch und
den Rückenspeck in Stücke teilen und zwei- bis dreimal durch den
Fleischwolf treiben. Dann Ei und kleingeschnittene Trüffeln unterheben, mit Pastetengewürz und Wein abschmecken.
Pastetenform mit Speckscheiben auslegen, die Farce einfüllen und
im Wasserbad 1 Stunde kochen. Stürzen, abkühlen lassen und
auch noch etwas ruhen lassen.

Gänse-Stopfleberscheiben mit Wirsing

Zutaten für 4 Personen:

200g Wirsing, 50g Butter, Salz, Pfeffer, etwas Zucker, eine kleine schwarze Trüffel oder 25g konservierte Trüffel in kleinem Glas, 2 EL brauner Fond, ½ Glas Spätburgunder Eiswein oder Portwein, 4 Scheiben frische Gänsestopfleber zu je 70 Gramm.

Zubereitung:

Den Wirsing gründlich waschen und zwischen den Blättern säubern. Danach in feine Streifen schneiden und diese bei mittlerer Hitze in einem Teil der Butter kross anbraten, mit wenig Salz, Pfeffer und Zucker würzen.

In der Zwischenzeit die Sauce zubereiten:

Die schwarze frische Trüffel gründlich unter fließendem kalten Wasser säubern und abbürsten, damit anhaftende Erde abgeht. Dann hauchdünn schälen und kleinhacken, zusammen mit dem Eiswein aufsetzen, etwas einreduzieren, den braunen Fond zugeben und mit ein wenig eiskalter Butter legieren.

Die Gänseleberscheiben salzen und pfeffern, in beschichteter Bratpfanne ohne Fett bei großer Hitze nur kurz von beiden Seiten anbraten, mit Küchenkrepp abtupfen.

Die Gänseleber auf den Wirsingstreifen anrichten und mit der Trüffelsauce bestreichen.

Dazu reichen wir ein Kartoffelpüree.

Anmerkung:

Frühwirsing ist immer grün, Herbst-und Winterwirsing bis auf zwei Ausnahmen gelb. Gelber Wirsing hat geschlossene Köpfe, grüner dagegen geöffnete.

Geflügelleberpastete mit Steinpilz, getrüffelt

Zutaten: 1 kleiner waldfrischer Steinpilz, 15g. schwarzer Trüffel (a.d.
Glas), etwa 350g Hähnchenlebern, 1 Schalotte, 50g Butter,
30 ml Spätburgunder Eiswein, etwa 10 ml Asbach Uralt,
Salz, weißer Pfeffer, 150g kalte Butter.

Zubereitung: Den Steinpilz vorsichtig mit scharfem Messer
reinigen (er sollte nicht gewaschen werden!) und den Hut und
Stiel in Scheibchen schneiden.

Die Hähnchenlebern säubern, waschen, mit Küchenkrepp trockentupfen. Die Schalotte sehr fein hacken und in Butter glasig
dünsten, dann die Lebern zufügen und kräftig anbraten.

Den Eiswein und Asbach Uralt zugießen, bei milder Hitze die
Lebern garen und die Flüssigkeit dabei verringern.

Das Ganze fast abkühlen lassen, sofort pürieren und durch
ein Sieb streichen. Sofort die kalte Butter in kleinen Würfeln
unterrühren. Mit Salz und Pfeffer abschmecken.

Die Trüffelwürfel unterheben, eine passende kleine Kastenform
mit Klarsichtfolie auslegen und die Mischung einfüllen.
Die Kastenform mindestens 24 Stunden im Kühlschrank
aufbewahren. (Pastete braucht nicht beschwert zu werden).

Anm.: Eine Pastete kann auch eine Terrine sein, die Bezeichnung
Terrine bezieht sich auf das Steingutgefäß, in dem sie gegart
worden ist. Ein Pfund Farce braucht etwa eine halbe Stunde Garzeit.
Ist die austretende Flüssigkeit goldgelb, ist die Pastete gar.
Beim Garen muß die Pastetenform bis zur Hälfte im Wasser
stehen, evtl. muß während der Garzeit kochendes Wasser nachgefüllt
werden. Temperatur im Backofen 180-200°.

Gewürztraminer – Melone

Zutaten: 1 gut gereifte Honig-, Netz-oder Kantalup-Melone
200 ml Gewürztraminer Beerenauslese, Saft einer
reifen Limette. Eine Weissburgunder Beerenausl. möglich.

Zubereitung: Zerkleinertes Melonen-Fruchtfleisch mit dem
Gewürztraminer und Limettensaft zuerst einmal gut kühlen.
Alles mischen und entweder im Mixer oder mit dem Pürierstab
fein zermusen. Im Longdrinkglas oder Suppenteller servieren.

Gewürztraminer – Truthahn

Zutaten: 1 Truthahnbrust von 1.000g, reichliche Menge Butterschmalz, 1 Fl. Gewürztraminer Eiswein (375 ml),
½ l Geflügelfond, Salz, Pfeffer.

Zubereitung: Butterschmalz bei 250° im Backofen erhitzen.
Die gesalzene und gepfefferte Truthahnbrust in den heißen
Bräter legen und unter Wenden anbraten. Dann etwa die gute
Hälfte des Eisweins angießen. Hitze auf 200-220° verringern und
Truthahnbrust alle 10 Minuten mit dem Butter-Wein-Gemisch
übergießen und bei Bedarf Eiswein nachgießen. Etwa 45 Min.
braten lassen. Truthahnbrust entnehmen, kurz ruhen lassen,
in Scheiben schneiden und heiß halten.
Geflügelfond in den Bräter geben und mit dem Bratensatz
auf ¼ Liter einkochen.
Pro Teller 3 - 4 Scheiben Truthahnbrust anrichten und die
Sauce angießen. Milchweck Knödel passen gut dazu.

Hefezopf mit Früchten und Wein

Zutaten: 175 ml Tee mit Orangen- und Zimtaroma, je 50g getrocknete, gehackte Feigen und Aprikosen, 50g Korinthen, 50g grober Zucker, 2 EL Riesling Eiswein, 1 Spritzer Asbach Uralt, 225g dunkles Weizenmehl Type 1050, 1/4 TL Salz, 1 Päckchen Trockenhefe, 50g Butter, 1 Ei, Milch, 3 EL Klarer Honig.

Zubereitung: Tee, Feigen, Aprikosen, Korinthen, Asbach Uralt sowie Riesling Eiswein in einer Schüssel vermischen und zugedeckt einige Stunden oder über Nacht einweichen lassen.

Backblech einfetten. Mehl und Salz in eine Rührschüssel sieben und die in Stückchen geteilte Butter einbröseln und solange mit kalten Händen schnell verkneten bis eine krümelige Masse entsteht und dann die Trockenhefe einrühren.

In die Mitte eine Mulde drücken und das Ei sowie die Früchte mit ihrer Flüssigkeit zugeben. Das Ganze verrühren, evtl. noch Milch zugeben, bis ein weicher Teig entsteht.

Den Teig auf leicht bemehlter Fläche 10 Min. kneten, zu einer Kugel formen, in eine saubere Schüssel legen, mit eingeölter Klarsichtfolie bedecken und an warmem Ort etwa eine Stunde zur doppelten Höhe aufgehen lassen.

Teig auf bemehlter Fläche zu einer 30 cm langen Rolle formen, diese der Länge nach mit einem Messer halbieren und jeweils mit der Schnittseite nach oben zusammendrehen.

Den Hefezopf auf dem Backblech mit der eingeölten Folie nochmals abdecken und 40 Min. gehen lassen. Backofen auf 200° (Gas: 6) vorheizen und 25-30 Min. backen, bis der Zopf goldgelb ist. Sofort mit dem Honig einpinseln, dann abkühlen lassen.

Hühnerfrikassee

<u>Zutaten:</u> 1 Suppenhuhn, Petersilie gehackt, 40g Butter, Salz, 60g Mehl,
¾ l Hühnerbrühe, 4 EL Sahne, 3 Eigelb, Zitronensaft,
2 EL Riesling Kabinett, 2 EL Riesling Eiswein, Streuwürze.

<u>Zubereitung:</u> Vorbereitetes Huhn in kochendem Salzwasser garen,
daraus entnehmen, Fleisch von den Knochen lösen und in grobe Stücke
schneiden. Mehl in Butter hellgelb anschwitzen, mit Hühnerbrühe
auffüllen (10 Min. durchkochen, damit Mehlgeschmack verschwindet).
Vom Feuer nehmen, die mit Sahne verquirlten Eigelb einrühren, mit
den beiden Rieslingsorten, Zitronensaft und Streuwürze abschmecken.
Darin die Hühnerfleischstücke heiß werden lassen, aber nicht mehr
kochen!   Nach Belieben Spargelstücke, Kapern, Pilze, Klößchen,
Krebsschwänze hinzufügen. <u>Reis od. Salzkartoffeln, Spargel dazu.</u>

Brotform für ein Frikassee

Wir können das Hühnerfleisch auch in kleine Würfelchen teilen und füllen
damit die Brotform:

Wir nehmen ein großes Weißbrot von unserem Bäcker und schneiden
quer etwa 10 cm breite Stücke davon ab. Rindenkruste entfernen.
Die Mitte eines so erhaltenen Würfels mit spitzem Messer so aus-
höhlen, daß Seitenwände und Boden 1 cm dick sind.
Die Messerspitze nur von einer Seite aus am Boden waagrecht
einstechen, daß das Mittelstück des Brotwürfels herausgelöst wird.
Brotkrümel aus der Form schütteln. – Innen- und Außenflächen
mit geschmolzener Butter bestreichen. Auf dem Rost im vorgeheizten
Backofen bei 170° (Gas: 2) einschieben (Backblech drunter wegen
abtropfender Butter!). Etwa 25-30 Min. backen, bis goldbraun.
Mehrmals dabei wenden. Entnehmen und alle Seiten mit geschälter
Knoblauchzehe abreiben. Füllen, mit Estragonblättchen bestreuen.

Hühnerstreifen mit Zuckerschoten

<u>Zutaten:</u> 600g Hähnchenbrust, 250g Zuckerschoten, 1 unbehandelte Zitrone, 2 Knoblauchzehen, 2 Schalotten, 4 EL Öl, 1 EL Honig, 50 ml Riesling Eiswein, 50 ml Hühnerbrühe, Salz, Pfeffer, 8-10 Basilikumblättchen.

<u>Zubereitung:</u> Hähnchenbrust vom Gerüst trennen, die Haut entfernen, unter fließendem Wasser abwaschen, trockentupfen und in 2 cm lange feine Streifen schneiden.

Zuckerschoten waschen und Enden abschneiden. Zitrone heiß abwaschen und abtrocknen. Schale dünn abschälen und in feine schmale Streifen schneiden. Den Saft aus der Zitrone pressen. Schalotten und Knoblauch schälen. Schalotten halbieren, in feine Streifen schneiden. Knoblauch zuerst in Scheiben, dann stifteln. Die Pfanne erhitzen und Öl eingießen. Die Zuckerschoten darin unter Rühren 3-4 Min. braten, bis sie bißfest sind. Herausnehmen. Hähnchenbruststreifen in der Pfanne 2-3 Min. unter Rühren braten. Das Fleisch soll gleichmäßig hell und nicht mehr rosa sein. Schalotten und Knoblauch hinzufügen und ebenfalls unter Rühren 1 Minute mitbraten.

Jetzt den Honig, den Eiswein und die Hühnerbrühe unterrühren und aufkochen lassen. Die beiseite gestellten Zuckerschoten wieder untermischen. Alles mit Zitronensaft, der abgeschälten Zitronenschale, Salz und Pfeffer abschmecken und etwa 2 Min. kochen lassen, bis die Soße etwas eindickt.

Anrichten und die Basilikumblättchen aufstreuen.

<u>Ein lockerer Langkornreis schmeckt dazu.</u>

<u>Anmerkung:</u> Geflügel ist für unser Immunsystem förderlich, denn es enthält Eisen und Zink.

Huhn mit zartbraunen Mandeln

Zutaten: 400g Hühnerbrust, 100g ganze geschälte Mandeln,
1 Eiweiß, 1 EL Mondamin, 6 EL salzige chines. Sojasoße,
4 EL Ruländer Beerenauslese, 1 TL Zucker, 2 Scheibchen
frischer Ingwer, 1 TL Sesamöl.

Zubereitung: Hühnerbrust zuerst längs in Streifen von 1,5 schneiden und diese quer zu gleichgroßen Würfeln.
Eiweiß und Mondamin mit einer Gabel gründlich schlagen, dann
über die Hühnerfleischwürfel geben und gut durchheben, damit
alles überzogen wird. Alles etwas stehen lassen.
Die Mandeln in einer Pfanne mit etwas Öl unter ständigem Rühren
in 1-2 Min. zartbraun werden lassen. Aufpassen, damit sie nicht
zu dunkel werden, da sie nach dem Herausnehmen noch nach-
bräunen. Beiseite stellen. Die Sojasoße mit Beerenauslese und
Zucker zu einer Soße rühren, beiseite stellen.
Hühnerbrustwürfel etwas abtropfen lassen. Das Öl in der Pfanne
rauchheiß werden lassen. Die feinstgewürfelten Ingwerstückchen
einlegen, sofort Fleisch zugeben und unter sorgfältiger Beobach-
tung und Rühren bei großer Hitze braten, aber darauf achten, daß
alle Fleischwürfel weiß bleiben! Es dauert knapp 3-5 Minuten.
Zartbraune Mandeln zugeben, kurz durchrühren.
Jetzt noch die vorbereitete Soja-Wein-Soße zugeben und
einmal aufkochen lassen.
Sofort in der Pfanne zu Tische bringen.
Ein lockerer Langkorn-Reis paßt gut dazu.

Anmerkung: Frische Ingwerwurzel wird hauchdünn geschält,
gehackt, gerieben, gewürfelt oder durch die Knoblauchpresse gedrückt.

Huxelrebe - Creme

Zutaten: 2 Löffelbiskuits, 6 EL Huxelrebe Beerenauslese, 6 frische Aprikosen (knackig, entsteint, in Spalten geschnitten), 5 Eigelb, 50 g Kristallzucker.

Zubereitung: Löffelbiskuits zerkrümeln und auf 4 hitzefeste Stielgläser verteilen. Je 1 EL Wein darüber sprenkeln. 8 Aprikosenspalten zum Garnieren beiseite legen, übrige auf die Gläser verteilen. Eigelbe in hitzebeständiger Schüssel leicht verquirlen, dann Zucker und Wein einrühren. Auf ein Wasserbad stellen und weiterschlagen, bis die Mischung dick und cremig ist. In die Gläser gießen und mit Aprikosenspalten garniert noch warm servieren.

Jagd - Terrine

Zutaten: 150 g Schalotten, 1 EL Butter, 1 Bund Majoran, 200 g Wildschweinschulter, 250 g Hirschgulasch, Wildgewürz, Salz, Pfeffer, 2 EL Spätburgunder Eiswein, 2 Eier, 2 EL Pistazienkerne, 100 g Speck, durchwachsen.

Zubereitung: Butter erhitzen und feingehackte Schalotten 5 Min. darin anschwitzen. Majoran waschen, trocknen, fein hacken.
Beide Wildfleischsorten durch die feine Scheibe des Fleischwolfs drehen und entstandene Masse mit Schalotten und Majoran verkneten.
Das Ganze mit Wildgewürz, Salz, Pfeffer, Eiswein würzen.
Eier und Pistazienkerne unter Fleischmasse rühren.
Den in Scheiben geschnittenen Speck in passende Terrinenform auslegen, Fleischmasse einfüllen, mit restlichen Speckscheiben bedecken und die Terrine im Wasserbad ca. 90 Min. garen.
Jagd-Terrine warm oder kalt auf den Tisch bringen und mit Cumberlandsauce (a. d. Glas) anrichten. Stangenweißbrot dazu reichen.

Junghuhn oder Poularde geschmort

Zutaten: Junghuhn von 1,5 - 2 Kg., Salz, Pfeffer, 4 EL Olivenöl,
30g Butter, 6 EL Asbach Uralt, 15 cl Sahne, 2 Eigelb,
Kerbel, 15 cl Riesling Eiswein.

Zubereitung: Junghuhn in Stücke teilen, pfeffern und salzen.
Etwas Olivenöl in einer Bratpfanne erhitzen und Fleischstücke auf allen Seiten kurz anbraten. Sobald sie goldbraun
sind, der Pfanne entnehmen und abtropfen lassen.
Öl aus der Pfanne abgießen und die Butter darin bei schwacher
Hitze zerlassen. Hühnerstücke erneut in die Pfanne geben und
in der Butter wenden. Asbach Uralt und Eiswein zugießen,
auf starker Hitze einkochen, bis alles sämig wird.
Sahne bis auf 2 EL zufügen, Deckel auflegen und bei sehr schwa-
cher Hitze ca. 15 Min. simmern lassen. Pfanne vom Herd ziehen.
Die mit restlicher Sahne verrührten Eigelb einrühren.
Auf den Herd zurück stellen und bei schwacher Hitze vorsichtig
rühren, bis die Soße dick wird. Aber nicht mehr kochen lassen!
Gehackten Kerbel überstreuen und anrichten.

Spätzle selbstgemacht

Zutaten: 500g Mehl, 2 - 4 Eier, Salz, Wasser.

Zubereitung: Aus angegebenen Zutaten nicht zu weichen Teig
bereiten (in Schüssel schlagen, bis er Blasen wirft). Portionsweise
vom Spätzlebrett schaben oder durch Spätzlepresse drücken in's
kochende Salzwasser, wo sie 5 - 8 Min. garen. Kalt abschrecken.
Gebräunte Butter oder geröstete Semmelbrösel drübergeben.

Kalbsbraten in Milch

<u>Zutaten:</u> Ein vom Knochen gelöster Kalbsrücken von 2 Kg. (gebunden, aber nicht gespickt), 1 l abgekochte und abgekühlte Vollmilch, 1 EL Öl, 2 ungeschälte Knoblauchzehen, Salz, frisch gemahlener Pfeffer, 1 EL Whisky, <u>10 cl Huxelrebe Eiswein.</u>

<u>Zubereitung:</u> Alle Zutaten außer dem Eiswein in eine Tonschüssel geben und 1-2 Tage in den Kühlschrank stellen.

Den Kalbfleischrücken zwei- bis dreimal wenden.

Alles in eine feuerfeste Form füllen, ohne den aufgelegten Deckel in den kalten Backofen schieben und auf 180° (Gas: 2-3) schalten. Zwei Stunden garen, aber öfter die Temperatur kontrollieren, denn die Milch darf keinesfalls überkochen!

Dann Hitze auf 160° (Gas: 1-2) verringern und noch weitere 45 Min. garen, dabei das Fleisch von Zeit zu Zeit wenden, bis die Milch eingedickt ist und das Kalbfleisch mit der Milch goldgelb überzogen ist. — Jetzt den Eiswein zugeben und Fond loskochen. Das Fleisch bleibt im abgeschalteten Backofen bis zum Servieren noch drin. Nach der üblichen Ruhezeit schneiden wir das Kalbfleisch in Scheiben und überziehen es mit der Soße.

Kräuter Knödel

Wir bereiten auf übliche Art aus 500 g rohen und 750 g gekochten mehligen Kartoffeln eine Knödel-Grundmasse.

Je ein Bund Petersilie, Schnittlauch und Dill wird verlesen, gewaschen und sehr fein gehackt. 50 g Speck in kleinen Würfeln auslassen und 2 feingehackte Zwiebeln darin glasig schwitzen. Alles in die Knödelmasse geben, etwas Muskat, alles vermischen und garen.

Kalbskotelett in hellem Wein

Zutaten: 4 dicke Kalbskoteletts, 60g Butter, 4 EL Mehl, Salz,
Pfeffer a.d.M., 2 EL trockener Riesling, 6 EL Riesling Eiswein
oder heller Portwein, 15cl Sahne, 2 EL Zitronensaft,
300g ChampignonKöpfe (frisch vom Wochenmarkt).

Zubereitung: Kalbskoteletts in Mehl wenden und abklopfen.
40g Butter zusammen mit den Koteletts in flachen Schmortopf
geben, mit Salz und Pfeffer würzen und 15 Min. braten.
Sind die Koteletts gar, entnehmen und warmhalten.
In den Schmortopf den trockenen Riesling, 4 EL Eiswein, süße
Sahne, 1 EL Zitronensaft geben, alles zum Kochen bringen und
zur Hälfte einkochen.
Champignonköpfe mit restlicher Butter, Salz, Pfeffer sowie dem
restlichen Zitronensaft in einem Topf zugedeckt gar dünsten.
Restlichen Eiswein zufügen und Champignonköpfe mit ihrer
Flüssigkeit in den Schmortopf geben. Abschmecken.
Sauce einige Minuten simmern lassen, um sie wieder zu erhitzen
und über die heißen Kalbskoteletts geben. Dazu Butterreis.

Kalbsleber – Mus

Zutaten: 150g Kalbsleber, Kl. Zwiebel, 50g Butter, Spätburgunder
Eiswein, Asbach Uralt, Salz, Pfeffer, 100g Butter.

Zubereitung: Feingehackte Zwiebel in 50g Butter glasig dünsten, ohne daß
sie Farbe bekommt. Gewürfelte Kalbsleber mitdünsten. Dann mit dem
Asbach und dem Eiswein ablöschen und garköcheln lassen. Mit Salz
und Pfeffer abschmecken. Abkühlen lassen, pürieren, durch Sieb streichen.
Vorsichtig 100g Butter einrühren. In geeignete Form füllen und durch-
kühlen lassen. Stangenweißbrot in dicken Scheiben dazu reichen.

Kalbsragout

<u>Zutaten</u>: 750 g Kalbfleisch ohne Knochen (Schulter o. Hals), Salz,
Pfeffer, 3 mittlere Zwiebeln, 250 g frische Champignons,
4 EL Margarine, ¼ ℓ Fleischbrühe, ⅛ ℓ Scheurebe Eiswein,
⅛ ℓ Sahne, 1 EL Mehl, ½ Bund Kerbel, 1 TL Estragon.

<u>Zubereitung</u>: Kalbfleisch waschen, abtrocknen, in 3-4 cm große
Würfel schneiden und diese pfeffern und salzen.
Zwiebeln schälen und fein hacken, Champignons putzen und
zweimal waschen, gut abtropfen lassen. In Scheiben schneiden.
Margarine im Schmortopf erhitzen, Kalbfleischwürfel zugeben
und in 10 Min. rundum hell anbraten. Zwiebeln und Cham-
pignons beifügen und ohne Deckel 5 Min. dünsten.
Mit heißer Fleischbrühe und Eiswein ablöschen und
zugedeckt 45 Min. dünsten.
Sahne mit Mehl und Estragon im Becher verrühren.
Kalbsragout damit binden und dann anrichten.
Den frischen Kerbel (im Bedarfsfall auch Petersilie) waschen,
trockentupfen, fein hacken und das Kalbsragout damit
bestreuen.
<u>Dazu Reis, Salzkartoffeln oder breite Nudeln, Blattsalat.</u>

<u>Anmerkung</u>: Kalbfleisch ist deshalb so zart, weil sich die
Muskeln noch nicht voll entwickeln konnten.
Trotzdem muß es richtig gegart werden, wenn es zart bleiben
soll! Es hat nämlich einen dünnen Fettrand.
Für Haxen, Nacken, Querrippe feuchtes Garverfahren.
Kotelett, Rücken, Hüfte, Keule verträgt eine trockene Hitze,
die aber schwach sein muß, ansonsten zäh und trocken.

Kalbsrückenscheiben mit gefüllten Morcheln

Zutaten: 50g Kalbshirn, Salzwasser, 100g Kalbsschnitzel oder Geflügelbrust, 50g Weißbrot o. Rinde, 1-2 EL Butter, Salz, Pfeffer, 1-2 EL Milch, 50g Spinat, Kerbel, Estragon, 1 Kistchen Kresse, 1/2 Bund Petersilie, 12 große frische Morcheln, 1/4 l Kalbsbrühe, 4 Kalbs-rückenscheiben à 150g, 3 EL Sojaöl, Pfeffer, Salz, 1/8 l Sahne, Cayennepfeffer, 10 ml Riesling Trockenbeeren-Auslese, Petersilie.

Zubereitung: Kalbshirn etwa 8 Min. im Salzwasser garziehen lassen, unter warmem Wasser enthäuten und Fett entfernen. Auf einem Tuch abtropfen und erkalten lassen.
Kalbsschnitzel durch den Fleischwolf treiben. Weißbrot fein würfeln und in Butter goldgelb ausbraten.
Kalbshirn, Fleischmasse, Brotwürfel mit der Milch und gewaschenen Kräutern im Mixer glatt pürieren, mit Salz und Pfeffer abschmecken.
Morcheln putzen, waschen, abtrocknen und den leeren Innenteil mit Farce füllen. Kalbsbrühe erhitzen und die Morcheln darin etwa 15 Min. garziehen lassen.
Kalbsrückenfleisch in heißem Öl in der Pfanne von beiden Seiten je 2-3 Min. braten, entnehmen, würzen und warmstellen.
Öl abgießen und vorhandenen Bratensatz mit Wein loskochen, dann Sahne angießen und entstehende Sauce andicken lassen.
Abschmecken. — Die garen Morcheln aus der Kalbsbrühe entnehmen, abtropfen lassen, auf heißen Tellern anrichten. Mit Soße überziehen. Daneben Fleisch anrichten, Petersilie bestreuen.
Dazu lockeren gelben Safranreis oder Makkaroni reichen.

Kalbsschnitzel mit Salbei und Schinken

Zutaten: 4 dünne Kalbsschnitzel aus der Keule (Oberschale), Pfeffer,
Salz, 1 Knoblauchzehe, 4 frische Salbeiblätter, 4 Scheiben roher
Schinken, 30g Butter, 15cl Riesling Eiswein oder Marsala.

Zubereitung: Kalbsschnitzel leicht klopfen, mit zerdrückter Knoblauchzehe einreiben und mit Salz und Pfeffer würzen.
Auf jedes Kalbsschnitzel ein Salbeiblatt legen und obendrauf
die dünne Schinkenscheibe. Mit einem Zahnstocher feststecken.
Schnitzel in heißer Butter goldbraun braten. Den Eiswein zugießen
und bei schwacher Hitze 15-20 Min. garen.
Die Kalbsschnitzel gemeinsam mit der Soße servieren.
Dazu kann man Schupfnudeln reichen mit jungen Erbsen.
Es eignet sich auch die folgende Beilage.

Gänsestebbel

Zutaten: Ungefähr 250g Mehl, 1 Würfel Hefe, ca. 1/4 l Milch,
Prise Zucker, etwas Salz, 1 Ei, Ausbratfett.

Zubereitung:

Mehl in eine Schüssel sieben und eine Mulde in die Mitte
drücken. Frischhefe hineinbröckeln und mit etwas lauwarmer
Milch und dem Zucker zu einem Vorteig rühren.
Sowie der Vorteig Blasen wirft, die restlichen Zutaten (außer dem
Fett) zum Vorteig geben, der zu einem glatten Teig verarbeitet wird.
Wir lassen alles zugedeckt an einem zugfreien Ort noch einmal
gehen, bis sich der Teig etwa verdoppelt hat.
Teig ausrollen, in fingerdicke Streifen teilen, diese wiederum in finger-
lange Stücke, die man mit bemehlter Hand noch etwas rollt und in
Fett rundum goldbraun brät. — Auch in Salzwasser zu kochen.

Kalbsschnitzel umwickelt

Zutaten: 5 dünne Kalbsschnitzel, 5 Scheib. Westfäl. Knochenschinken, 10 frische Salbeiblätter, 80g Butter, Kl. Tasse Rindfleischbrühe 1 Glas Riesling Eiswein, 1 gestrich. EL Mondamin, Salz, Pfeffer, 1 EL Tomatenmark, 1 Tasse Brühe, 1 Kilo frische Erbsen.

Zubereitung: Die Erbsen aushülsen und bei schwachem Feuer im zugedeckten Topf mit der Hälfte der Butter 20 Min. dünsten. Dann die Tasse Brühe zufügen, abschmecken, zu Ende garen. Kalbsschnitzel mit dem Teigroller flachdrücken und würzen. Auf jedes Schnitzel ein Salbeiblatt, dann eine Schinkenscheibe legen, alles zusammenklappen und mit Holzstäbchen feststecken. In restlicher erhitzter Butter zuerst auf einer Seite schön goldbraun braten, dann auf der anderen. Abtropfen lassen, warmstellen. Bratenfond mit der Rindfleischbrühe und Eiswein loskochen, dabei vom Topfboden den Fond lösen. Die Soße soll hellbraun sein! Tomatenmark zufügen, mit kalt angerührtem Mondamin binden, abschmecken und 7-8 Min. unter ständigem Rühren kochen lassen. Die Kalbsschnitzel kurze Zeit zum Erwärmen einlegen. In einer Schüssel erst die grünen Erbsen anrichten, dann die Schnitzel und auf jedes ein Salbeiblatt legen. Mit Soße übergießen. Heiß servieren. Dazu reichen wir Pommes frites.

Zum Kalbsschnitzel allgemein: Dünne Kalbsschnitzel (1 cm dick ist am besten) bei mittlerer bis starker Hitze sehr schnell braten, sodaß das Fleisch gar ist, bevor es zäh werden kann. Dicke wie dünne Kalbsschnitzel müssen Platz in der Pfanne haben, um gut nebeneinander liegen zu können. Bleiben größere Stellen frei, verbrennt das Fett, liegen sie zu dicht, dann brät es nicht sondern schmort.

Kalbssteaks in Kerner-Soße

<u>Zutaten:</u> 4 schöne Kalbssteaks von 185g je Stück, 2 EL Mehl,
2 EL Öl, <u>80 ml Kerner Beerenauslese</u>, 80 ml Hühner-
Kraftbrühe, 1 EL Sojasoße, 2 TL eingemachte Zwetschgen,
1 feinge schnittene Frühlingszwiebel.

<u>Zubereitung:</u> Kalbssteaks mit der Hand flach klopfen und am
Rand knapp einschneiden, damit beim Braten sich nichts wölbt.
Mehl in eine Tüte geben, Steaks darin bemehlen und überschüssiges
Mehl abklopfen. Öl in gußeiserner Pfanne erhitzen und die
Kalbssteaks bei mittlerer Hitze von jeder Seite 2-3 Minuten
braten, dabei einmal wenden. Auf Küchenkrepp abtropfen
lassen und zugedeckt warmstellen.
Beerenauslese und Hühnerkraftbrühe in der Pfanne aufkochen,
dann Hitze reduzieren und ca. 1 Min. ohne Deckel unter ständigem Rühren weiterkochen. Die Sojasoße und Zwetschgen
einrühren, dann Kalbssteaks zurück in die Pfanne geben und
etwa 1 Min. erhitzen. Mit Frühlingszwiebelringen garniert
sofort servieren.
Gericht auch mit eingemachten Mirabellen möglich.
Diese Beerenauslese-Soße paßt auch zu gebratenem Schweinefleisch gut. <u>Kleine runde Pellkartoffeln dazu reichen.</u>

Pellkartoffeln

Kartoffeln säubern, gut waschen und in ihrer Schale in kaltem
Wasser aufsetzen, dieses salzen und aufkochen, dann bei schwacher
Hitze gar kochen. Abgießen und im offenen Topf ausdämpfen
lassen. Zum Schluß pellen, in Scheiben schneiden und
sofort zum Gericht reichen.

Kaninchen geschmort in Weißwein mit Schokolade

Zutaten: Kaninchen von 1,2 – 1,5 Kg (zerteilt in 8 Port.), 125 g frischer grüner Speck, 60 g Schweineschmalz, Salz, schw. Pfeffer, 12 Kl. weiße Zwiebelchen, 10 g Mehl, 1/8 ℓ Riesling Eiswein, 1/2 ℓ Wasser, 1 Lorbeerblatt, 2 EL Petersilie, 1/4 TL Thymian, 50 g Pinienkerne, 50 g blanchierte Mandeln, 2 TL Blockschokolade.

Zubereitung: Schweineschmalz in großem Topf auslassen und darin gewürfelten Speck braun werden lassen. Auf Küchenkrepp abtropfen lassen. Kaninchenteile waschen und gut abtrocknen. Reichlich salzen und mit Prise Pfeffer würzen. In Teilen im Fett des Topfes gut anbraten, damit sie rasch und gleichmäßig bräunen. Sobald sie braun sind auf einen vorgewärmten Teller legen.

Zwiebeln im Topf anbraten und unter Schütteln ebenfalls gleichmäßig bräunen. Mit Schaumlöffel entnehmen und zum Kaninchen geben.

Bis auf eine dünne Schicht alles Fett aus dem Topf gießen. Mehl einrühren, etwa 1 Min. auf dem Feuer lassen, bis es leicht gebräunt ist. Mit Wasser und Eiswein ablöschen, bei starker Hitze aufkochen und den Bodensatz unter Rühren auflösen.

Lorbeerblatt, gehackte Petersilie, Thymian und Speckgrieben sowie Kaninchenstücke reingeben, auf niedrige Flamme stellen und fest zudecken. Ohne Unterbrechung 30 Min. schwach kochen lassen. Blanchierte Mandeln, Pinienkerne und geriebene bittere Blockschokolade im Mörser zerreiben. Zusammen mit den Zwiebeln in den Topf geben, gut umrühren und wieder zudecken. Weitere 30 Min. schwach kochen lassen, bis Kaninchenteile weich genug sind. Abschmecken und sogleich im Topf auf den Tisch bringen.

Breite Hausmachernudeln schmecken gut dazu.

Kaninchen mit roten Linsen und Huxelrebe

Zutaten: 450g Kaninchenfleisch in Würfeln, 1 EL Mehl, 1 EL Olivenöl,
2 Zwiebeln, 1 Knoblauchzehe, 250g Champignons, 1 Schuß
Asbach Uralt, 3-4 EL Huxelrebe Eiswein, 400ml Hühnerbrühe, 1 TL Rotweinessig, 2 EL Petersilie, 1 EL Tomatenmark,
175g Rote Linsen, 12 Scheiben Stangenweißbrot, 2 EL
Olivenpüree, 1 EL Butter, Salz, Pfeffer.

Zubereitung: Backofen auf 180° (Gas: 4) vorheizen. Mehl, Salz,
Pfeffer in Tüte geben und die Fleischwürfel durch kräftiges Schütteln
gleichmäßig bemehlen. Olivenöl in feuerfester Kasserolle er-
hitzen und Fleisch anbräunen. Zwiebelscheiben, durchgepreßten
Knoblauch und die Champignonscheiben einrühren.
Eiswein, Hühnerbrühe, Rotweinessig, Petersilie, Tomatenmark
zugeben, gut durchrühren und Mischung aufkochen lassen.
Kasserolle zudecken, in den Backofen stellen und 40 Min. backen.
Zwischenzeitlich einen Topf mit schwach gesalzenem Wasser
zum Kochen bringen. Rote Linsen zufügen und in etwa 35 Min.
weich kochen. Weißbrotscheiben mit Olivenpüree bestreichen.
Linsen abgießen, in die Kasserolle geben und die Brotscheiben
mit dem Belag nach unten darüberlegen. Obenauf einige
Butterstückchen legen, die Kasserolle erneut in den Backofen
stellen und ohne Deckel 10 Minuten backen.
Mit kleingehackter Petersilie garniert servieren.
Dazu paßt ein Kartoffelbrei und ein grüner Salat.

Krabben - Fischsuppe mecklenburgisch

Zutaten: 3 kleine Zwiebeln, 2 EL Öl, Suppengrün, 375g Kartoffeln, 1 Knoblauchzehe, 1 Lorbeerblatt, Thymian (möglichst frisch), 1 kleine Dose Tomatenmark, 375g festes Fischfilet, 1 Liter Fleisch- oder Fischbrühe, 100g Krabbenfleisch, 2 TL Mondamin, Salz, Pfeffer, 3 EL Riesling Eiswein.

Zubereitung: Zwiebelringe in Öl goldbraun rösten, dann feingeschnittenes Suppengrün, gewürfelte Kartoffeln, durchgepreßten Knoblauch, den Thymian, das Lorbeerblatt und das Tomatenmark zugeben und kurz im Zwiebelöl dünsten.
Mit der Fleisch- oder Fischbrühe auffüllen und etwa 15 Min. kochen. Fischfilet in kleine Stücke teilen und dabei sorgfältig Gräten entfernen. Die Fischstücke dann in die Brühe geben und aufkochen. Das Krabbenfleisch noch zufügen und die Suppe auf kleiner Flamme 15 Min. ziehen lassen.
Mit kalt angerührter Speisestärke binden, salzen und pfeffern und mit dem Eiswein abschmecken. Dazu Semmeln.

Krebsfleisch überbacken im Förmchen

Zutaten: 150g gekochtes Krebsfleisch, 125g Spargelspitzen a.d. Dose, Salz, Zitronensaft, 25g Butter, 20g Mehl, 1/8 ℓ Fleischbrühe, 2 EL Riesling Beerenauslese, 30g Reibekäse, 1 Eigelb, 1 EL Semmelbrösel, Butterflöckchen.

Zubereitung: Abgetropftes Krebsfleisch leicht salzen und säuern. Mehl anschwitzen, mit Brühe auffüllen, mit Salz und Riesling abschmecken, vom Feuer nehmen, Eigelb unterziehen. Ragoutförmchen füllen, mit Käse, Brösel, Butterflöckchen belegen. 10-15 Min. überbacken.

Lamm Keule mit Sahne - Champignons

<u>Zutaten:</u> Lamm Keule von 1.5 Kg., 6 Knoblauchzehen, Pfeffer, Salz,
1 EL geh. Liebstöckel, 1 EL Thymian, 500g Kl. Champignons,
5 EL Butter, Saft einer Zitrone, 3 Zwiebeln, ½ l Sahne,
100g Bergader-Käse, 10 cl Spätburgunder Eiswein.

<u>Zubereitung:</u> Lammkeule sauber häuten und entfetten.
Mit gestiftelten Knoblauchzehen spicken, dann mit Pfeffer, Salz,
Liebstöckel und Thymian einreiben und im Bräter in vorgeheizten
Backofen schieben bei 250° (Gas: 5). Temperatur auf 200° herunter-
stellen und Lammkeule etwa 30 Min. braten.
In der Zwischenzeit Champignons putzen, unter fließendem
Wasser kurz abbrausen und gut abtrocknen.
Zwiebeln schälen, fein würfeln und in Butter glasig dünsten.
Champignons beifügen, mit Zitronensaft würzen und unter
Rühren schmoren lassen, bis die Flüssigkeit verdunstet ist.
Beiseite stellen. Den Blauschimmelkäse durch ein Sieb streichen,
mit etwas Sahne und dem Eiswein cremig rühren (dies kann
auch bei milder Hitze geschehen).
Nach der Bratzeit die Lammkeule damit bestreichen, die
Champignons mit in den Bräter geben und die Hälfte der
Sahne angießen.
Nach ungefähr 5 Min. die restliche Sahne angießen, durch-
rühren und die Lammkeule noch ca. 10 Min. fertiggaren lassen.
Die Lammkeule muß vor dem Servieren noch 15 Min. im
ausgeschalteten geöffneten Backofen ruhen.
Auf einer heißen Platte im Ganzen oder in Scheiben geschnitten
anrichten und Pilze in der Soße darum legen.
<u>Zur Lamm Keule bieten sich Knödel an.</u>

LammKoteletten in Orangen-Johannisbeer-Gelee

<u>Zutaten:</u> 12 LammKoteletts, 2 EL Öl, 2 Knoblauchzehen

<u>Für Gelee:</u> 1 EL Orangenschale (in feine Streifen geschnitten), 1 EL frischer Ingwer (feingeraspelt), 125 ml Orangensaft, 125 ml <u>Spätburgunder Eiswein</u>, 125 ml Johannisbeer-Gelee, 2 Frühlingszwiebeln.

<u>Zubereitung:</u> Überflüssiges Fett von den Lammkoteletts entfernen und Sehnen auch. Das Öl mit zerdrücktem Knoblauch in Pfanne erhitzen und die kleinen Koteletts bei hoher Hitze von jeder Seite 2 Min. braten und dabei einmal wenden.

Sie sind dann im Innern noch blutig. Eine halbe Minute von jeder Seite weitergebraten sind sie „<u>halb durchgebraten</u>" und bei jeweils einer Minute von jeder Seite „<u>durchgebraten</u>".

Der Pfanne entnehmen und mit dem Orangen-Johannisbeer-Gelee überzogen servieren. Gericht immer frisch zubereiten!

<u>Gelee:</u> Orangenschale und Ingwer 1 Min. in kochendem Wasser blanchieren und abtropfen lassen. Dann zusammen mit Eiswein, Orangensaft, Johannisbeergelee und feingewürfelten Frühlingszwiebeln in einem kleinen Topf zum Kochen bringen und auf kleiner Flamme ohne Deckel 5 Min. weiterkochen, bis ein Drittel der Flüssigkeit verdampft ist.

Kartoffelplätzchen

750g Kartoffeln schälen, waschen, halbieren, in leicht gesalzenem Wasser garen. Wasser abgießen, abdämpfen, durchpressen und etwas abkühlen lassen. — 35g Butter, 1 Eigelb, Salz, Muskat hinzutun und soviel Mehl einarbeiten, daß mit bemehlten Händen Plätzchen entstehen, die in der Pfanne von beiden Seiten goldbraun gebraten werden.

Melonen mit Eiswein und Portwein

Zutaten: eine mittelgroße gelbfleischige Melone, 2 EL Spätburgunder
Eiswein, 2 EL Portwein, 1 EL Kandierter gehackter Ingwer,
½ Gurke (geschält, längs halbiert, entkernt), Minzeblätter.

Zubereitung: Die Melone halbieren, Kerne im Innern entfernen
und das Fruchtfleisch mit einem Kugelausstecher ausstechen
und alles in eine Schüssel geben, dann Spätburgunder Eiswein
und den Portwein einrühren. Die Gurke mit Gemüseschäler in
lange dünne Streifen schneiden und in die Melonenmischung
rühren. Gut gekühlt mit Minze servieren.
(Die Auswahl an wohlschmeckenden Melonen zur Erntezeit ist beacht-
lich. Es gibt viele Möglichkeiten, den Sommer zu genießen).

Milzsuppe

Zutaten: 40 g Sauerrahmbutter, 2 feingehackte Zwiebeln,
1 EL Mehl, Salz, Pfeffer, 1,5 Liter Kalbsbrühe, 250g
Milz (wenn möglich Kalbsmilz), 1 EL gehackte
Petersilie, 20g Butter, 0,1ℓ Riesling Eiswein,
2 Scheiben Weißbrot.

Zubereitung: Die gehackten Zwiebeln in zerlassener Butter
glasig dünsten. Die Milz schabt man mit einem scharfen
Messer vorsichtig aus ihrer Haut und gibt sie dann zu den
Zwiebeln, wo sie bei kleiner Flamme etwa 10 Min. dünsten.
Mit Mehl bestäuben und gut umrühren. Kalbsbrühe und Eiswein
aufgießen, salzen, pfeffern, mit Petersilie bestreuen und alles
10 Min. schwach kochen lassen. Suppe durch Sieb geben. Gewürfeltes
Weißbrot in Butter anrösten, auf angerichtete Suppe geben.

D i e   T r a u b e n s o r t e n   i n   i h r e r   V i e l f a l t

Weinkenner kann man nicht über Nacht werden! Es bedarf langjähriger Erfahrung, einen Wein einordnen und beurteilen zu können. Doch wer einen Wein in einer gewissen Regelmäßigkeit und mit Verstand trinkt, der wird mit der Zeit unterscheiden und mitreden können.

Seit wann werden in Mitteleuropa und somit auch in Deutschland Reben angebaut? Gelehrte streiten immer noch, ob es schon vor der Römerzeit an Rhein und Mosel in Germanien Weinberge gegeben hat.
Doch lässt sich aus verlässlichen Quellen der Weinbau erst für die Römerzeit nachweisen im Moselgebiet (276 n.Chr. bezeugt) und wahrscheinlich noch Jahrzehnte früher am Rhein.
Es lässt sich sogar belegen, dass in Germanien bereits vor der Ausbreitung des Weinanbaues Wein getrunken worden ist, was durch Funde in einem keltischen Fürstengrabe in der Nähe von Rüdesheim a.Rh. bewiesen wird, wo man eine griechische Weinflasche aus Ton aus der Zeit um 400 v.Chr. fand.
Ebenfalls tauchten Scherben von griechischen Trinkschalen mit zugehörigem Mischkrug (um 500 v.Chr.) bei Ausgrabungen auf der Würzburger Festung Marienberg auf.

Doch zurück zu den Traubensorten.

Um Trauben reifen zu lassen bedarf es in erster Linie des Bodens und des Klimas.
Um eine gute Qualität zu erzielen, kommt noch die Weinberglage und die Rebensorte dazu.
In manchen südländischen Weinbauländern können die Voraussetzungen für die dortigen Weinbauern günstiger sein als bei uns, denn in keinem anderen Land muß sich die Rebe so anstrengen, um Frucht zu tragen wie in Deutschland.
Die bei uns wachsenden Trauben sind kleiner und äußerlich unscheinbarer als die größeren südländischen Trauben, aber ihr ganzes Geheimnis offenbaren sie durch ihre Harmonie von Süße und Frucht.

Wir besitzen mit unserem Rebgut einen unvergleichlichen Schatz in der Erde!

Unseren Winzern ist es trotz der geschilderten schweren Umstände zweifellos gelungen, die richtigen Rebsorten für den Anbau zu finden.
Von den Traubensorten hängt Qualität und Quantität des Weines ab. Es soll dem Weinkunden nicht nur bester Wein mit Sorten- und Jahrgangsangabe oder mit Prädikat angeboten werden, sondern es geht auch darum, mit der Ertragsmenge und der erreichten Güte eine gewisse Wirtschaftlichkeit zu erzielen und die Zukunft des deutschen Weinbaus zu festigen und zu erhalten.
Jede Rebsorte vermittelt dem aus ihr gekelterten Wein ihren bestimmten eigenen Charakter.
Deshalb ist in Deutschland das Flaschenetikett mit dem Rebsortennamen darauf von großer Bedeutung.

Die bekanntesten deutschen oder hauptsächlich bei uns angebauten Traubensorten in alphabetischer Auflistung:

W e i ß w e i n

B A C C H U S eine Neuzüchtung aus Silvaner, Riesling, Müller-Thurgau bringt extraktreiche und fruchtige Weine hervor.

F A B E R eine Neuzüchtung aus weißem Burgunder und Müller-Thurgau.
Bringt einen frischen und fruchtigen Wein mit einem Muskatton.

E L B L I N G ein Wein der Mosel, der eine helle Farbe hat mit einer ausgeprägten Säure und hauptsächlich zur Sektherstellung dient.

G E W Ü R Z T R A M I N E R, T R A M I N E R kleine bis mittelgroße Trauben schenken uns einen blumigen, vollen und würzigen Wein. Ab einer Spätlese hochwertig mit Körper und guter Struktur mit viel Spiel und Rasse, alkoholreich.

G U T E D E L meistens erhalten wir einen leichten, süffigen Wein, manchmal bodenbetont und säurearm.

K E R N E R eine Neuzüchtung aus Trollinger und Riesling. Er ist im Geschmack rieslingähnlich, frisch und rassig und hat eine deutliche Säure.

M O R I O M U S K A T eine Neuzüchtung aus Silvaner und weißem Burgunder. Deutschland ist fast ausschließliches Anbaugebiet. Der Wein hat ein kräftiges Muskat-Bukett und ist wuchtig und füllig.

M Ü L L E R - T H U R G A U Kreuzung aus Riesling und Silvaner. Ist bei uns weit verbreitet als frühreifende Traube mit einem niedrigen Säuregehalt, mild mit einem Anklang an Muskat. Auch unter dem Namen Rivaner bekannt.

N O B L I N G Neuzüchtung aus Silvaner und Gutedel. Ein fruchtiger deutscher Wein mit viel Körper.

R I E S L I N G ist die wertvollste deutsche Qualitätsrebe. Deutsche Spitzen-Rieslinge gelten als die besten Weißweine der Welt!! Etwa 18.500 ha beträgt die mit Riesling bepflanzte Rebfläche bei uns und ist damit auch die größte der Welt.
Der Ursprung des Namens Riesling könnte auf Grund der Schreibweise in Urkunden aus den Jahren 1430 und 1511 von der „rissigen" Borke der Rieslingstämme abgeleitet sein oder von der Eigenart, bei kühlem Blütewetter zu „verrieseln".
Auch die Herkunft des Rieslings lässt sich nicht genau definieren. Man vermutet, dass der Riesling sich aus der am Rhein heimischen Wildrebe Vitis vinifera var.silvestris entwickelt hat. Die Rieslingbeeren sind klein, würzig und reifen spät. Nur wenn ausreichend Wärme vorhanden ist, erreichen die Trauben ihre Vollreife etwa Mitte Oktober. Die Rasse und die Eleganz der Rieslingweine ist unübertrefflich. Nicht ein hoher Alkoholgehalt begründet den Ruhm des Rieslings, sondern die feine, rassige, fruchtige, blumige Art.

R U L Ä N D E R   er wird auch G r a u b u r g u n d e r genannt wegen der grauroten Farbe seiner Beeren. Ein vollmundiger, schwerer bis feuriger Wein mit trotzdem zartem Bukett. Verstärkt im Badischen angebaut bis hinunter in die Schweiz. In Frankreich Pinot gris.

S I L V A N E R   er reift früher und stellt nicht so hohe Ansprüche wie ein Riesling; schätzt trockene geschützte Lagen, wo er große, volle Weine mit einem idealen Alkohol-Säure-Verhältnis herausbringt mit einer unverwechselbaren Eigenheit. Auch der Silvaner überrascht uns mit Spitzenweinen. Rheinhessen hat die größte Silvaner-Anbaufläche der Welt!

S C H E U R E B E   Neuzüchtung Riesling und Silvaner. Die Weine haben eine rassige Säure, ein feines aromatisches Bukett, sind damit körperreich und harmonisch. Bevorzugt angebaut in Deutschland und Österreich.

W E I S S B U R G U N D E R   er hat ein dezentes Bukett, ist mild und doch voll im Geschmack.. Er wird auch als Weißer Burgunder und Weißer Klevner bezeichnet; in Frankreich Pinot blanc. Der uns unter dem Namen Chardonnay bekannte Wein ist eine Weißburgunder-Variante.

R o t w e i n

D O R N F E L D E R   in Deutschland ein beliebter Wein mit einer tief rubinroten Farbe und einem kräftigen Bukett. Weinsberger Kreuzung aus Helfensteiner und Heroldrebe.

P O R T U G I E S E R   ein hellroter, frischer und leichter Rotwein, der einen leichten Bitterton aufweist. Tiefblaue frühreife Beeren.

S P Ä T B U R G U N D E R   auch Blauburgunder genannt, ist von hellroter bis dunkelroter Farbe und schmeckt samtig-feurig als ein mittelschwerer Wein. Pinot noir in Frankreich.

S C H W A R Z R I E S L I N G   hat eine helle bis dunkelrote Farbe, ist säurearm und bringt einen körperreichen Wein. Auch S a m t r o t oder M ü l l e r r e b e genannt.

T R O L L I N G E R   ein klassischer Wein aus Württemberg, der kernig und rassig ist, hellrot mit einem leichten Bitterton. Reift spät in frostfreien Lagen.

S ä u r e i m W e i n: Bei der vorstehenden Beschreibung der Traubensorte haben wir einige Male etwas über die Säure vernommen. Diese ist sehr wichtig, denn die Fruchtsäure ist notwendig, um ein harmonisches Verhältnis zwischen Öchslegraden und Säure-Promille (10:1) zu gewährleisten. Fehlt dies alles, so ist die Haltbarkeit des Weines gefährdet, Deshalb muß in guten Weinen Säure sein! (z.B. bei R i e s l i n g mit 100° Öchsle = 10 Promille Säure.

Der offizielle Traubenlesebeginn wird festgelegt

Die Weinlese ist die Krönung des Weinjahres.
Aber vorher werden, wenn die Trauben zu reifen beginnen, die Weinberge oder Wingert geschlossen.
Ohne Erlaubnis darf außer dem Weinberghüter (in manchen Gegenden auch als Wingertschütz bezeichnet) nur die Winzer und Bauern oder Personen mit besonderer Erlaubnis die Weinberge betreten.
Der Sinn und Zweck dieser Regelung ist, dass die Trauben in Ruhe ausreifen können.
Jeder Herbstsonnetag bringt mehr Süße und damit Qualität in die Beeren.
Die Schließung soll aber auch verhindern, dass vorzeitig mit der Lese begonnen wird.
Die Herbstordnungen der einzelnen deutschen Bundesländer regeln individuell den genauen Lesezeitpunkt.
Ist der Termin also festgelegt, dann kann der Winzer mit seinen Helfern die Lese entweder sofort beginnen oder seine Trauben so lange am Rebstock lassen wie ihm beliebt.
Er entscheidet somit selbst, ob er in diesem Jahr seine Weine als Qualitätsweine, als Kabinettweine, als Spätlesen, Auslesen oder Eisweine und Beerenauslesen anbietet.
Der Lesebeginn wird nun jedoch nicht auf gut Glück festgelegt, sondern man hält sich an messbare Werte: an die M o s t g e w i c h t e .
Diese werden durch die Mostwaage und nach Öchslegraden festgelegt und bestimmt.
Der Pforzheimer Physiker und Optiker Ferdinand Ö c h s l e (1774 bis 1852) erfand die Mostwaage, nach der wir uns heute noch richten.
Wenn der Winzer bei seinen gelesenen Trauben Mostgewichte zwischen 70 und 80 Grad Öchsle erreicht, versprechen ihm diese harmonische, selbständige Weine.
Gehaltvolle Weine lassen sich bei 100 Grad Öchsle erwarten.
In besonders guten Weinjahren steigen auch die Mostgewichte stark an.

Wie hoch sind die Öchslegrade bei den einzelnen Qualitätsweinen?

K a b i n e t t	mindestens 73°	S p ä t l e s e mindestens 85°
Auslese	mindestens 95°	B e e r e n a u s l e s e mind. 125°
Trockenbeerenauslese	mindestens 150°	
Eisweine	mindestens 125° (gesetzlich geregelt)	

Unser Eiswein-Kochbuch wird hier nur Weinwissen in kleinem Rahmen vermitteln. Wein ist das edelste Getränk auf Erden und bietet uns ein immer wieder faszinierendes Thema über den kostbaren Rebensaft.
Wer sich gezielt mehr kundig machen möchte und vom Wein-Liebhaber zum Experten werden will, erhält im Buchhandel Auskunft darüber. Doch wie wäre es, wenn Sie dies bei einer Weinprobe von ihrem Winzer selbst erfahren?

D e r   W e i n   w i r d   g e k e l t e r t

Wenn die Trauben eingebracht sind werden sie zu Most verarbeitet, indem sie zunächst zerkleinert und zu Maische gemacht werden.

Zuerst wird die gelesene Traubenmenge getrennt nach Sorten in die Traubenmühle gegeben und dort mit Stumpf und Stiel, mit Schalen, Kernen und dem Saft zu einem Brei zerkleinert. Jetzt läuft bereits der erste Teil Most ab – der sogenannte Vorlauf.
Nach dem Zerkleinern tritt die Kelter als Presse in Aktion und trennt den Most von der Maische. Zurück bleibt nur der Trester, den man auch Treber nennt.

Früher wurde noch mit der Hand gekeltert. Heute übernehmen das moderne hydraulische Pressen.

Der gewonnene Most wird in großen Bottichen aufgefangen und in die Gärfässer des Weinkellers geleitet.
Dort entwickelt sich der Most zu Wein. Hefepilze verwandeln den Zucker in Alkohol.
Es beginnt mit der Hauptgärung, welche durchschnittlich 8 bis 10 Tage dauert.
Dabei braust und rumort der Wein gewaltig im Faß.
Der enthaltene Zucker wird bis auf einen Rest abgebaut.
Im Gärfaß haben sich inzwischen Eiweiß- und Pektinstoffe ausgeschieden und bilden mit den Hefe- und Schwebstoffen den Trub oder das Weingeläger. Von diesem Trub wird der Wein zur Nachgärung in andere Fässer abgezogen.
Im jetzigen Zustand nimmt man die erste Probe und spricht vom Bitzler (weil er beim Trinken auf der Zunge bitzelt), vom Federweißen, vom Sauser oder vom Suser
Dann macht unser Wein eine längere Nachgärung durch und scheidet ein zweites Geläger aus, welches diesmal hauptsächlich aus Weinstein und aus Heferückständen besteht.
Im gleichen Zeitraum entwickeln sich Blume und Bukett des Weines, der sich jetzt J u n g w e i n nennen darf und „abgestochen" d.h. auf große Lagerfässer umgefüllt wird.
Nach der notwendigen Kellerbehandlung durch den Winzer wird dann endlich der Wein auf Flaschen gezogen.

Was wir bis hierher über die Maische und das anschließende Keltern vernommen haben, gilt für den W e i ß w e i n . Wollen wir R o t w e i n herstellen, dann müssen wir den Most zunächst ungekeltert auf der Maische stehen lassen. Bei dieser ersten Gärung löst sich die rote Weinbeerenfarbe und geht in den Most über, zugleich erhält der Wein den eigenen leichten Tanningeschmack, der für Rotweine typisch ist. Nach etwa 8 Tagen wird gekeltert und die weitere Behandlung ist weitgehend wie beim Weißwein.

Nach dieser einleuchtendem Erklärung scheint alles ein einfaches Verfahren zu sein. Wir müssen aber bedenken, dass der Wein nicht als Chemikalie sondern als ein Lebewesen zu betrachten ist. Die Vorausberechnung kann sich anders als erhofft entwickeln. Das ganze Können des Kellermeisters ist gefragt, der ständig Zwischenergebnisse prüft und die weitere Behandlung seines Weines individuell darauf dann abzustimmen hat.
Überraschungen mancher Art können auftauchen, aber eine Patentlösung gibt es nicht!

E i n   W e i n   s t e l l t   s i c h   v o r

Das Etikett auf einer Weinflasche ist wie eine Visitenkarte zu betrachten und sogar noch mehr, denn wer hat schon eine Visitenkarte in Händen gehabt, die gleichzeitig Geburtsurkunde und Personalausweis zugleich war?
Da es verboten ist, einen Wein unter falscher Angabe und mit irreführender Bezeichnung auf den Markt zu bringen, kann sich der Verbraucher in der Regel auf die Angaben verlassen.

Das strenge deutsche Weingesetz legt bindend fest, welche Qualitätsbezeichnungen unter welchen Bedingungen erlaubt sind und welche nicht. Deshalb wird der Winzer im beiderseitigen Interesse erstens versuchen, einen hochwertigen Wein auf den Markt zu bringen und daher können wir uns nach seinen vermerkten Etikettenangaben richten.

Eine f e s t g e l e g t e   K a t e g o r i e bildet die Angabe der Qualitätsstufe wie z.B. Tafelwein, Qualitätswein mit Prädikat, der Anbauregion wie Rheinhessen oder Franken, des Ursprungslandes und der Inhaltsmenge in Liter seitens des Abfüllers/Herstellers.

Ferner ist es in Deutschland vorgeschrieben, dass das Etikett die amtliche Prüfnummer aufweist, was für Qualitätsweine bestimmter Anbaugebiete (Q.b.A.) und Qualitätsweine mit Prädikat (z.B. Spätlese, Auslese, Beerenauslese, Trockenbeerenauslese, Eiswein) gilt.

Gemäß der e m p f o h l e n e n   K a t e g o r i e müssen Weine, die nicht aus einem EG-Land zu uns kommen, die Bezeichnung „Wein" auf ihrem Etikett führen, ferner das Erzeugerland und den Namen des Importeurs. Wenn ein Erntejahrgang angegeben wird und wenn die Rebsorte genannt wird, dann müssen mindestens 85% aus diesem Jahrgang und die gleiche Prozentzahl des Inhaltes in der Flasche von jener Rebsorte sein.
Die Weinbergslage kann angegeben werden und Geschmacksangaben wie t r o c k e n oder wie h a l b t r o c k e n , l i e b l i c h oder h e r b .

So könnte ein Prädikatswein gekennzeichnet sein:
       Qualitätswein mit Prädikat
       2001er Pfeddersheimer St. Georgenberg
       Spätlese Riesling
       A.P.NR. …/…/…/..
       Abfüller: Weingut……………..
       Weinbaugebiet Rheinhessen

Wenn der Käufer oder Interessierte einen Einblick in eine Weinkarte oder Weinpreisliste nimmt, wird er im groben Rahmen folgende Reihenfolge vorfinden:

Weiß- und Rotweine/Weißherbste erscheinen getrennt. Die Rangfolge geht nach der Qualität der angebotenen Weine und damit nach ihrem Preis. Oft stehen am Anfang die Schoppen- und Literweine. Es folgen die anspruchsloseren Weine und die Auflistung der Weine endet mit den kostbaren Weinen. Sofern Winzersekte angeboten werden bilden diese zusammen mit hauseigenen Schnäpsen und Likören, auch mit Weingelees oder selbstgemachtem Winzeressig den Schluß der individuellen Preis- oder Weinliste.

Drei Qualitätsstufen und Die Begriffe „trocken" und „halbtrocken"

Laut Duden versteht man unter „Prädikat": Besondere Wertung, Rangbezeichnung oder Titel.

Die erste Stufe bilden die T a f e l w e i n e. Es sind einfache Tischweine ohne Nachweispflicht.

Die zweite Stufe bilden QbA-Weine = Qualitätsweine bestimmter Anbaugebiete.
Der Abfüller übernimmt mit seinem Namen und als amtlicher Zeuge die Prüfkommission mit der Amtlichen Prüfnummer die Garantie, dass der Wein von Trauben stammt, die amtlich empfohlen oder zugelassen sind. Amtlich abgesegnet muss auch ihr Standort, der Weinberg, sein.

Die dritte Stufe bilden die Qualitätsweine mit Prädikat. Wenn wir uns hier nach dem Duden richten, dann erheben wir sie doch einfach in den Adelsstand, welcher wiederum in sechs Gruppen gestaffelt ist:

a.) KABINETT – die verwendeten Weintrauben müssen in einem einzigen Bereich geerntet worden sein und der aus ihnen gewonnene Most die vorgeschriebenen Mindestmostgewichte haben.

b.) SPÄTLESE – die Weintrauben müssen in einer späten Lese (frühestens 7 Tage nach Beginn der Hauptlese für die jeweilige Rebensorte) und im vollreifen Zustand geerntet worden sein.

c.) AUSLESE – hier dürfen nur vollreife Weintrauben unter Aussonderung aller kranken und unreifen Beeren verwendet werden.

d.) BEERENAUSLESEN – es dürfen nur edelfaule oder bereits überreife Beeren verwendet werden.

e.) TROCKENBEERENAUSLESEN – nur weitgehend eingeschrumpfte, edelfaule Beeren dürfen verwendet werden (ist wegen besonderer Witterung ausnahmsweise keine Edelfäule eingetreten, genügen auch überreife, eingeschrumpfte Beeren).

f.) EISWEIN – hier müssen die verwendeten Weintrauben bei ihrer Lese u n d bei der Kelterung gefroren sein. Das Mindestmostgewicht muss dem für das Prädiket Beerenauslese festgesetzten Mostgewicht entsprechen.

Der Begriff „trocken" darf nur angegeben werden, wenn der Wein einen Restzuckergehalt von höchstens 9g/l aufweist und der in g/l Weinsäure ausgedrückte Gesamtsäuregehalt höchstens 2g/l niedriger ist als der Restzuckergehalt
(als Berechnungsformel für die Obergrenze der zulässigen Restsüße dient:
Säure + 2 bis zur Höchstgrenze 9). ------------ „halbtrocken" darf verwendet werden, wenn der Restzuckergehalt für einen Wein um nicht mehr als 10g/l höher liegt als der in g/l Weinsäure ausgedrückte Gesamtsäuregehalt des Weines und 18g/l nicht übersteigt
(Formel: Säure + 10 bis zur Höchstgrenze 18). ---------- Die Begriffe „lieblich" und „süß" sind in ihrem Restzuckergehalt gesetzlich noch nicht festgelegt.

Winzerwissen ist gleich Kundenwissen

Das deutsche Weinsiegel
Es ist eingeteilt in drei Farbstufen und erleichtert uns den Einkauf.
Ein g e l b e s Weinsiegel steht für trockene Weine
Ein g r ü n e s Weinsiegel steht für halbtrockene Weine
Ein r o t e s   Weinsiegel steht für milde, liebliche Weine

Weinprobe
Für eine Weinprobe sollte man sich Zeit nehmen, denn es wird Konzentration gefordert.
Der passende Zeitraum wäre morgens etwa zwischen 10-12 Uhr, da dann der Magen nüchtern
ist. Ferner gilt die Devise, zwischendurch keinen Kaffee zu trinken und nicht zu rauchen!
Nur richtig gekühlt entfaltet der Wein sein Aroma. Leichte und liebliche W e i ß w e i n e
sollten bei einer Serviertemperatur von 5 bis 10 Grad getrunken werden (dürfen vorher vier
Stunden im Kühlschrank stehen). Aromatischer trockener W e i ß w e i n 8 bis 12 Grad bei
zwei Stunden Kühlzeit und voller trockener W e i ß w e i n 12 bis 14 Grad bei einer Stunde
Kühlzeit.
R o t w e i n e nur bei Temperaturen von 18 bis 20 Grad servieren. Die genannten
Temperaturen für Weißweine wären für Rotweine tödlich.
Der Kellermeister wird sie mit der Vorgehensweise bei der Weinprobe informieren, die da
lautet: S c h a u e n   R i e c h e n   S c h m e c k e n
Die Weine werden in folgender Reihenfolge verkostet: zart vor würzig // leicht vor kräftig //
trocken vor mild, süß // kühl vor warm // weiß vor rot // alkoholarm vor alkoholreich.

Was ist Weinstein?   Wenn man einmal in ein altes Weinfass hineinleuchten könnte, käme
man sich vor wie in einer Eishöhle! Es glitzert darin von Kristallen, dem Weinstein, den man
am Boden einer Weinflasche finden kann. Weinstein entsteht durch langes Lagern eines guten
Weines, der seine überschüssige Säure langsam abgebaut hat. Die vorhandenen Kristalle lösen
sich dabei nicht wieder auf. Schenken Sie deshalb vorsichtig ein, damit nicht zu viele
Kristalle in das Weinglas kommen. Der Laie wundert sich bei Anblick der Kristalle, aber der
Weinkenner freut sich, wenn er die Weinkristalle sieht.
Bei einer Weinprobe kann Ihnen auch ein Weißherbst vorgesetzt werden. Diese Qualitäts-
Bezeichnung darf nur bei „Qualitätswein" und „Qualitätswein mit Prädikat" gebraucht
werden, wenn er aus einer einzigen roten Rebsorte und zu mindestens 95% aus hell
gekeltertem Most hergestellt ist.

Nochmals zu den Mostgewichten oder Öchslegraden: Das Mostgewicht ist die Zahl, um die
ein Liter Most schwerer ist als ein Liter Wasser. Mit diesem Wissen könnte sogar ein Laie
eine Messung vornehmen, die natürlich nicht haargenau ausfallen würde. Wenn man einen
Liter Traubenmost abfüllt und dieser wiegt 1080 Gramm, so weist der Most 80° Öchsle auf.
Möchte man jetzt wissen, wie viel Zucker in diesem kostbaren Most enthalten ist, so gibt es
zwei Arten dies zu ermitteln:
Die 1. Art: Mostgewicht mal 2,5 minus 30 (80° Most mal 2,5 = 200 minus 30 =
          170 g Zucker pro Liter Most)
Die 2. Art: Mostgewicht geteilt durch 4 minus 3
Ergebnis: Bei 80° Öchslegehalt sind also 17% Zucker=170 Gramm in einem Liter Most.

Restsüße und Zuckerung

Unter Restsüße versteht man einen Rest von unvergorenem Zucker im Wein (auch Restzucker genannt). Die Höhe des unvergorenen Zuckers ist weitgehend entscheidend dafür, wie viel Süße der spätere Wein im Geschmack zeigt.

Manche Weintrinker denken irrtümlicherweise, dass die Süße in Wein vom zugesetzten Zucker käme.

Zuckerung: Der Kellermeister spricht von „Anreicherung", die grundsätzlich im Herbst stattfindet.

Wenn die Traube zu wenig Zucker gespeichert hat, wird dem noch unvergorenen Most Zucker in einer gesetzlich begrenzten Menge zugesetzt (gem. Art. 32 Verordnung 337/79 in Verbindung mit dem Paragr. 6 des Weingesetzes). Dieser Zucker wird mitvergoren, sodass die Anreicherung im Ergebnis eine Erhöhung des Alkohols bewirkt.

In Deutschland darf dies nur in den Qualitätsstufen von Tafelwein bis Qualitätswein geschehen! Ab Kabinett aufwärts sind die Weine grundsätzlich nicht angereichert.

Daher sind Kabinettweine in der Regel die leichtesten Weine im Alkoholgehalt.

Nur auf deutschem und österreichischem Etikett können Kenner aus der Qualitätsstufe auch ersehen, ob angereichert wurde oder nicht.

Säure im Wein

Die Gesamtsäure eines Weines ist zusammengesetzt aus mehreren Säurearten.

Dabei spielen die W e i n s ä u r e und die A p f e l s ä u r e die wichtigste Rolle.

Die mildere Säure ist die Weinsäure, die in einem reifen Wein etwa 2/3 ausmacht.

Fast den ganzen Rest macht die Apfelsäure aus, die sich etwas intensiver auf den sauren Geschmack des Weines auswirkt. Eine erhöhte Apfelsäure kann für einen besonders rassigen und fruchtigen Geschmack maßgebend sein. In jedem Falle ist eine harmonische Säure nichts Negatives. Im Gegenteil, sie ist nicht nur für die Rasse, die Frische und den „Nerv" des Weines ausschlaggebend, sondern garantiert auch seine Lebensdauer.

Der Gerbstoff

Der Gerbstoff spielt vor allem bei Rotweinen eine wichtige Rolle und ist für den herben Geschmack der Rotweine verantwortlich und die zu verspürende gerbende Wirkung auf die Schleimhäute im Mund. Gerbstoff befindet sich außer in der Schale der Traubenbeere auch in den Kernen der Traubenbeeren und in den Stielen der Traubenrispen.

Dieser „grüne Gerbstoff" schmeckt bitterer und aggressiver. Deshalb wird beim Entrappen der Trauben und beim Pressen möglichst sanft gearbeitet, damit diese grünen Tannine nicht in den Wein gelangen. Gerbstoff bestimmt ganz wesentlich die Haltbarkeit des Rotweins.

Wein und Gesundheit allgemein betrachtet: Ein Für und Wider wird immer da sein. Eine Maßlosigkeit beim Konsum von Wein setzt natürlich alle guten Eigenschaften außer Kraft.

In vernünftigen Mengen getrunken wirkt Wein auf unseren Körper wie ein Lebenselixier.

Wein erweitert die Gefäße und fördert die Durchblutung. Die Speichelbildung wird angeregt und Vorverdauung eingeleitet; die Drüsen werden zur Bildung von Verdauungssekreten angeregt. Weißweine haben eine bakterienhemmende Wirkung. Rotweine haben durch die enthaltenen Gerbstoffe eine antibakterielle Wirkung und machen die Magenschleimhäute im oberen Darmabschnitt unempfindlich. Sie wirken gewebeabdichtend.

Würden Sie dieses Gespräch zweier Winzer verstehen?

Der 1. Winzer: "Ich hatte erwartet, daß er k u r z wäre, aber er war s c h w e r und r u n d. Dadurch hatte er dann einen g u t e n A b g a n g , weil er so r e i n t ö n i g war."

Der 2. Winzer: "Bei mir war's ähnlich. Sie war e d e l , hatte eine s c h ö n e B l u m e und ein B u k e t t ; gleichzeitig g e s c h m e i d i g auf der Zunge und relativ t r o c k e n."

Der 1. Winzer: „Da können wir ja zufrieden sein! Aber vor Wochen hatte ich ein Fiasko mit einem anderen erlebt: er hat h o c h f a r b i g und alt ausgesehen, aber bei der anschließenden Probe war er s c h a l und total m a d e i r i s i e r t."

Nein! Sie sind nicht in einem fremden unbekannten Land. Hier unterhalten sich nur zwei gestandene Weinbauern über probierte Weine und geben eine Beurteilung ab.

Die Auflösung:

Der 1. Winzer:" Ich hatte erwartet, dass der versuchte Wein keinen Geschmack im Mund hinterlässt, aber er war alkohol- und körperreich und sprach den ganzen Mund auf angenehme Art an. Daher hinterließ er einen guten Nachgeschmack ohne jeglichen störenden Nebengeschmack."

Der 2. Winzer:" Bei mir war's ähnlich. Sie (die probierte Flasche) war fein und erlesen, sie hatte einen positiven Duft und ein gutes Geschmacksbild eines ausgereiften Weines; gleichzeitig war sie anschmiegsam auf der Zunge und hatte wenig Restsüße."
Der 1. Winzer:" Da können wir ja zufrieden sein! Aber vor Wochen hatte ich ein Fiasko mit einem anderen erlebt: er hatte eine altersdunkle Farbe, aber beim Trinken erschien ein abgebauter Wein, der keine Säure und keinen Charakter mehr hat und bereits firn und oxidiert gewesen ist:"

Solche Gespräche können Sie bei einer Weinprobe durchaus einmal mithören.
Wer sich, wie der Winzer selbst, tagtäglich in diesem Metier aufhält und bewegt, für den sind solche inhaltsreichen Worte ein Teil seiner Alltagssprache im Betrieb geworden und sagen bei genauer Betrachtung sehr viel aus.

Einen kleinen Einblick in diese „Fremdwörter" erlaubt Ihnen die folgende Seite.

Man muß bei einer Weinansprache nicht unwissend sein.

Abgang	Nachgeschmack
Aroma	Duft und Geschmacksbild
Ausdruck	Charakter eines Weines
brandig	durch zu hohen Alkoholgehalt stark unharmonisch
elegant	harmonisch, ausgewogen
fest	kräftig, aber die Säure ist noch unreif
fruchtig	gute, typische Frucht
halbtrocken	Wein besitzt bis maximal 18 g/l Restzucker
gerbstoffhaltig	Holztannin-Geschmack (meist bei Rotweinen)
kernig	kräftig, mit guter Säure
kraftvoll	mit gutem Körper und Alkoholgehalt
lieblich	milder Wein, der über 18 g/l Restzucker hat
nervig	Wein mit guter Säure und Kraft
rassig	herzhaft mit guter, angenehmer, kräftiger Säure
sauber	meistens bei kleinen Weinen, ohne negative Merkmale
sortentypisch	spiegelt die Eigenschaft der angegebenen Rebsorte wieder
spritzig	Wein hat lebhafte Säure mit etwas Kohlensäure
trocken	hat wenig Restsüße, besitzt Restzucker bis höchstens 9 g/l, (Frankenwein höchstens 4 g/l)
schwer	der Wein ist alkohol- und körperreich
stahlig	Wein hat eine sehr hohe Säure und ist harmonisch
süffig	ein leichter erfrischender Wein
zart	delikat und fein, gilt meistens für ältere Weine

Welchen Wein soll man zum Kochen nehmen? (speziell für die Soßen gedacht)

Seit altersher ist der Wein eine beliebte Küchenwürze.
Es gibt kaum eine Speise, die man nicht durch einen Schluck Wein veredeln könnte.

Im Grunde lässt sich jeder beliebige Wein in der Küche verwenden; nur kein sogenannter Kochwein, denn der wird garantiert den Geschmack der Speise verderben. Ein Wein, der zum Trinken nichts taugt, ist auch für das Kochen mit Wein unbrauchbar!
Im allgemeinen verwendet man auch trockene und halbtrockene Weiß- und Rotweine.
Gewisse Vorgehensweisen sind jedoch hier unerlässlich:
Wenn z.B. eine Soße stark eingekocht werden soll, dann muß der verwendete Wein von einer lieblichen Sorte sein, weil sonst bedingt durch das Einkochen der Säureanteil zu stark hervortritt.
Der Wein, mit dem man kochen möchte muß Volumen, Statur und Extrakt haben, weil wir ja die feinen Extraktstoffe vom Wein in die Soße hinüberziehen wollen. Der Wein soll die Soße nicht flüssig machen, sondern sie aromatisieren.
Im übrigen soll man getrost experimentieren: sollte man wider Erwarten zu einem Wein gegriffen haben, der wenig Bukett hat und dessen Würze nicht ausreicht, so gibt man einen Schuß Asbach Uralt dazu.
Wenn wir jetzt eine Soße zubereiten wollen, in welcher Zwiebeln oder Schalotten vorkommen, so heißt das zuerst die Zwiebeln ganz klein hacken und sie in Butter so lange gleichmäßig anziehen lassen, bis sie ihren Rohgeschmack verloren haben, jedoch nicht ihre helle Farbe. Kein Zwiebelstück darf roh bleiben, weil sonst die Soße nachher ebenso schmeckt. Auch die an dem Pfannenrand zu braun gewordenen Zwiebeln am besten entfernen. Hat die Zwiebelbasis eine goldgelb-sämige Konsistenz erreicht, dann wird der Wein zugegossen. Er wird nicht mitgeköchelt, sondern ab diesem Zeitpunkt in die Zwiebelmischung „hineinreduziert" bis er fast ganz verkocht ist. Mehr ist nicht zu tun.
Wer jetzt noch glaubt, dass der Geschmack dieser Weinsoße durch Zufügen von weiterem Wein zu einem späteren Zeitpunkt noch verbessert werden könne, der sei eindringlich gewarnt! Er erreicht das genaue Gegenteil, weil das wunderbare Aroma des einreduzierten Weins vom zugegebenen frischen Wein total überdeckt wird.
Die Säure des beigefügten Weines würde sich sehr stark bemerkbar machen und ein Geruch nach Weinhefe ebenfalls.
Mancher Koch möchte seiner Weinsoße noch zusätzlichen Geschmack geben, indem er einige Champignonstückchen beifügt, auch etwas Fenchelgrün, dünn geschnittene Lauchstreifen, vielleicht etwas Safran oder geriebenen Ingwer. Diese Zutaten müssen in die Wein-Zwiebel-Mischung, die bereits recht sämig sein sollte, kurz eingekocht werden.
Wollen wir die Weinsoße noch einer weiteren Verwendung zuführen, dann gießen wir sie mit Geflügel-, Kalbs- oder Fischfond auf, müssen sie aber nochmals auf die gewünschte Konsistenz einreduzieren.
Am Schluß muß jede bereitete Soße, um gut auszusehen, durch ein Küchentuch oder ein sehr engmaschiges Sieb passiert werden.
-----------Hohe Küchenehren erreichen wir, wenn wir in der Soßenküche einen Eiswein oder
      Beerenauslesen verwenden.--------------------

Schokolade zu Eiswein und zu Beerenauslesen

Auf den ersten Blick ist bei diesen eigenständigen Genußmitteln keine Gemeinsamkeit zu erkennen und das richtige Verhältnis zwischen beiden zu finden ist schwierig, doch nicht unmöglich.

In jeder Markenschokolade ist als Bestandteil Milch, Zucker und Kakaobutter enthalten, sowie ein unterschiedlich hoher Anteil an Kakaomasse. Diese Kakaomasse muß aber immer einen höheren Anteil in der Schokolade aufweisen.

Bei einer Symbiose von Schokolade und einem Eiswein oder einer Beerenauslese ist es vor allem wichtig, dass eine bittere Schokolade zur Hand ist.

Eine im herkömmlichen Sinne süße Vollmilchschokolade passt schlecht zum Weine, denn ihre Cremigkeit und Süße überdeckt alles im Mund- und Rachenraum.

Aber glücklicherweise erhalten wir im Handel seit geraumer Zeit viele Markenschokoladen mit Kakaoanteilen von 60%, 70%, 80%, 85% und mehr!

Wenn wir jetzt zu einem Eiswein (wie einem Spätburgunder Eiswein) eine passende Schokolade suchen, dann empfiehlt sich eine halbbittere Sorte, die einen Kakaoanteil von bis zu 60% haben kann.

Eine extrem bittere schwarze Schokolade eignet sich zu edelsüßen weißen Eisweinen und Beerenauslesen.

Wir müssen auch darauf achten, dass solche Weine nicht zu früh auf dem Markt erscheinen. Reife und ältere Jahrgänge passen wesentlich besser zur Schokolade, weil sie überwiegend ihre Säure abgebaut haben und nicht – wie noch junge Weine – einen hohen Säureanteil aufweisen, der hier sehr störend wäre.

Zu einer Trockenbeerenauslese, die einen höheren Alkoholgehalt hat, soll die Schokolade auch bitter sein, aber sie darf sogar eine flüssige Füllung haben.

Bei einer Verkostung ist es aber sehr wichtig, von der Schokolade n i e m a l s größere Mengen zu konsumieren. Es soll immer nur ein schöner Versuch bleiben, denn wo bliebe sonst der eigentlich Genuß!?

Eine kleine Abhandlung über Kakao und Schokolade:

Die Haupterzeugungsländer von Kakao sind heute Brasilien, Ghana und die Elfenbeinküste. Der Kakao ist Genuß- und Nahrungsmittel aus den Samen (Kakaobohne) des Kakaobaumes. Die Kakaobohne enthält 45-60% Fett (K.-butter, K.-Öl), 18% Eiweiß, 10% Stärke, 1-3% anregend wirkendes Theobromin und schmeckt würzig, aber bitter.

Den Azteken in Mexiko hat ihr bitteres Kakaogetränk, das sie „Tchocoatl" nannten, aber damals geschmeckt. Der letzte Azteken-Herrscher Moctezuma schenkte 1519 dem spanischen Eroberer Hernando Cortez eine Kakaoplantage. Anfangs konnten die spanischen Eroberer dem bitteren Getränk nicht viel abgewinnen. Durch Beigabe von Zucker, der dem Kakao seine Bitterkeit nahm, wurde er mit der Zeit zum Lieblingsgetränk der spanischen Damen in Mexiko.

Im 17. Jahrhundert n.Chr. wurde der Kakao nach Deutschland gebracht.

K u n s t w e i n oder U.S.A. – A r o m a – W e i n

Eine Globalisierung (global – erdumfassend, gesamt) kann in manchen Fällen der Tod der
Individualität sein. Wenn man die Individualität so betrachtet, dass sie gegenüber der
Ordnung und Gesellschaft Vorrang genießt, könnte man sie je nach Blickpunkt verschieden
deuten. Sie stellt zwar die Besonderheit des Persönlichen einer Person dar, gehört aber
trotzdem zu unserer Gesellschaftsordnung und zeigt das echte Bild derselben.
Sie vermittelt und zeigt uns so das wahre Bild eines Volkes.

Die Menschen suchen heutzutage verstärkt nach wieder belebten traditionellen Werten,
welche ihnen Halt und Zuversicht geben.
Werte kosten uns nichts, denn sie sind umsonst zu haben.
Ihr Vorhandensein muss aber nicht die Welt des Materiellen allein darstellen, sondern sie
sollen einen Zusammenhalt gewährleisten und die Bereitschaft voraussetzen, Bewährtes und
Bestehendes zu erhalten. Nur so entsteht die so oft gepriesene und beschworene
Gemeinsamkeit sich selbst vorzustehen.

Die Bürokratie ufert heute immer mehr aus und je mehr wir schreien, umso mehr festigt sie
sich anscheinend. Lobbyisten erscheinen auf dem Turnierplatz Europa.
Eine Lobby kann nicht nur Politiker, Abgeordnete oder Wirtschaftsunternehmen durch eigene
Interessenvertreter beeinflussen oder es zumindest versuchen. Sie pocht damit auf eigene
Interessen und möchte diese gegen Veränderungen, die nicht in ihrem Sinne ist abschirmen,
weil sie bisher einem überschaubaren Kreis immer Nutzen und Vorteile brachte.
Da wird oft nicht gefragt, ob anderen dadurch Nachteile oder Schaden entsteht.

Mit einem Volksentscheid tut man sich in Deutschland schon immer schwer.
Im Falle Kunst- oder Aromawein aus U.S.A. wäre eine Meinungsumfrage mehr als
angebracht. Denn dann könnten wir erwarten, dass sich die von uns gewählten
Bundestagsabgeordneten und ihre Fraktionen nicht den Willen von weltfremden Eurokraten
diktieren lassen.
Der Kunstwein aus Übersee wird nach Verordnung dieser EU-Demokraten in Europa Einzug
halten. Unbegreiflich ist uns, wie schnell und ohne erkennbaren Widerstand die EU-
Kommission dem Druck aus U.S.A. stattgegeben hat.
US-Winzern, die sich „winemaker"(Weinmacher) nennen wird es erlaubt, Weine nach Europa
zu exportieren, die in Verfahren hergestellt werden, die in der EU bisher unzulässig sind.
Wasser- und Aromazusätze im Wein werden erlaubt und statt dem bewährten Ausbau im
Holzfass werden Holzchips/Holzspäne in den Wein gegeben.
Was können z.B. 7% Wasser oder ein noch viel höherer Zusatz von Zuckerwasser auch
bewirken?! Ist es da wichtig, wenn mit Hilfe von Maschinen in amerikanischen Labors dort
Weine in Alkohol, Wasser und Aromen zerlegt und aufgespalten werden?
Die Oenologen sprechen hier von physikalischer Fraktionierung.
Dieses Fraktionieren, also die regelrechte Entzerrung des Trauben-Erbgutes, ebenso die
„Verwässerung" des Weines durch Wasserzusätze ähneln einer Vergewaltigung.
Die Aromastoffe, die zugegeben werden können sind u.a. Maltol und Ethylmatol (in
Süßspreisen gebräuchlich). Die „winemaker" versuchen so, „gemachten Wein" auf den
Weltmarkt zu bringen, der uns einen aromatischen Geschmack vermitteln soll.

<u>Dagegen können wir aus unseren Weinlagen jederzeit und stets extrakt- und aromareiche
Weine bekommen, die von Natur aus so sind.</u>
Kein noch so ausgereifter Apparat aus Übersee wird das Original erreichen.

Auch die Presse und die Medien erteilen „gemachten Weinen" eine eindeutige und unmissverständliche Absage. Eine bedeutende Fachzeitschrift sprach gar von „Frankenstein`s rollendem Labor".

Was die Verwendung von Holzspänen oder –chips betrifft, so können wir gelassener bleiben. Ein Holzfass (oft mit 225 l Fassungsvermögen, manchmal barrique genannt) wird als Reifungsinstrument immer weit über Eichenholzspänen liegen.
Das Holzfass lässt den wichtigen unentbehrlichen Sauerstoff an den Wein im Innern, der die Farbe des Weines stabilisiert und die Gerbstoffe (Tannine) nach 6 Monaten oder mehr weicher und samtiger hervortreten lässt.
Spitzengewächse werden weiterhin nicht ohne Holzfass-Ausbau auskommen.
Mit den Holzspänen, welche 4-6 Wochen im Wein verbleiben sollen, lässt sich ein Holzfasston nur bei nicht hochwertigen Weinen erreichen.

Solchen zukünftigen Billig-Herstellungsweinen der „winemaker" wird der Winzer seine reichen Erfahrungen, sein Können und die Qualität seiner erzeugten Weine entgegensetzen müssen, um nicht seine Zukunft und seinen Bestand zu gefährden. Die Zahl der Betroffenen wäre nicht unbedeutend, wenn wir nur im Bundesland Rheinland-Pfalz beispielsweise 13.000 Winzerbetriebe in Anrechnung brächten!

An der Weltweinproduktion hat Deutschland einen Anteil von 2%. Wir können daher auf dem Weltmarkt nicht die erwünschten Maßstäbe und Kriterien setzen.
Aber unseren Weinliebhabern und allen Freunden deutscher Weine werden wir weiterhin Qualität bieten und mittels qualitätsorientierter Pflege des Rebgutes die Grundlagen und Voraussetzungen für aroma- und extraktreiche Weine schaffen, die auch lagen- und landestypisch sind.

Eine baldige und unmissverständliche Kennzeichnungspflicht dieser US-Produkte muss schnellstens in die Tat umgesetzt werden und die überseeischen Winzer zu einer Art Reinheitsgebot verpflichten. Das gebietet die Ehre und der Respekt vor allen aufrichtigen Winzerbetrieben und dem Handwerk.
Anscheinend schwirren noch verschiedene Geister (Weingeister??) in den Köpfen herum.
Nur aus Deutschland, aus Österreich und aus Portugal soll Einspruch zu hören sein.
Ein Spötter könnte sich zu dem Satz hinreißen lassen: „Warum denn nicht mit der Zeit gehen?"

Zu unserem vorliegenden Kochbuch, in welchem neben den Beeren- und Trockenbeeren-Auslesen das Naturprodukt E i s w e i n eine Hauptrolle spielt, sagt ein wichtiger badischer Fachmann: „Mit manipulierten Weinen würden wir unsere Konsumenten sicher auch verprellen und verunsichern. Wenn `Eiswein `auf dem Etikett steht, ist auch Eiswein drin. Und zwar nicht die tiefgefrorene Traube vom Sommer, sondern die am Rebstock bis in den Spätherbst gereifte, natürlich heruntergekühlte süße Frucht".

Als die Treue ward geboren flog sie in ein Jägerhorn

Der Jäger blies sie in den Wind, darum man sie so selten find.

Eine Sieben – Etappen - Reise im Weinland Baden

Keine andere deutsche Weinbaugegend ist so genau aufgegliedert wie die badische.
Das Weinland Baden verfügt über eine Fläche von etwa 15.000 Hektar.
Genossenschaftlich vermarktet werden rund 85% der Weine, was für ein großes Vertrauen
von 28.000 Winzern spricht. Die badischen Winzergenossenschaften haben weingesetzlich
den Status eines Weingutes, denn die ausgebauten Weine sind ausschließlich Lesegut der
Mitglieder (Erzeugerabfüllungen).
Badische Genossenschaftsweine haben einen hohen Qualitätsstand. Die Qualitätskontrolle
umfasst den a.) qualitätsbewusster Anschnitt der Reben b.) sorgfältige Weinbergspflege
durch den Winzer selbst im gesamten Weinjahr c.) neutrale Beauftragte stellen bei jedem
angelieferten Posten das Mostgewicht fest d.) die Einlagerung und der Ausbau erfolgt exakt
getrennt nach Rebsorte, Lage und Qualität.
Das festgestellte Mostgewicht (Öchslegrade) bildet bei der Traubengeld-Auszahlung mitunter
eine höhere finanzielle Auswirkung als das Gewicht in Kilogramm. Je höher es ist, desto
stärker erhöhen sich die Qualitätszuschläge.

Wir beginnen unsere Weinreise am
BODENSEE: Es ist das südlichste und zugleich das am höchsten gelegene Weinbaugebiet in
Deutschland. Der See unterstützt das Heranreifen der Trauben durch Reflektieren des
Sonnenlichts und sorgt als riesiger Wärmespeicher nicht nur für bestes Traubengut sondern
schenkt uns einen langen milden Herbst. Weinfreunden wird der 4 km lange Hagnauer Obst-
und Wein-Wanderweg empfohlen, der mittels angebrachter Schautafeln dem Wanderer viel
Wissenswertes vermittelt.

MARKGRÄFLERLAND: Hier ist der Wein schon mehr als ein Jahrtausend heimisch und
erstreckt sich auf fruchtbaren Böden dieses Hügellandes zwischen dem Freiburger Münster
und Grenzacher Horn. Der hier angebaute G u t e d e l ist für eine Lern-Wanderung auf
Weinlehrpfaden wie geeignet. Vor 200 Jahren baute der große Förderer des Weinbaues,
Markgraf Karl Friedrich diesen hier an. Der Gutedel eignet sich wegen seiner gefälligen Art
besonders für den Ausbau zu einem trockenen Wein.

KAISERSTUHL: Der Kaiserstuhl-Tuniberg bildet die wärmste deutsche Region im
vulkanischen Gebirge der Oberrheinischen Tiefebene und ist mit über 4.500 Hektar der größte
Weinbaubereich Badens. Lazarus von Schwendi scharte, heimgekehrt aus den Türkenkriegen
schon 1571 in Burkheim eine Zunft der Rebleute um sich. Damals wurde nur auf dem
angewehten Lößboden Weinreben angebaut und erst 1815 legte man auf dem vulkanischen
Gestein direkt Weinberge an.

BREISGAU: Dank der Vielzahl sehens- und erlebenswerter Ausflugsziele ist er für
Weinfreunde und Wanderer eine bevorzugte Landschaft. Klimatisch und geologisch ist die
Nähe zum Nachbarn Kaiserstuhl spürbar, wenn auch nicht die hohen Temperaturen so spürbar
sind. In den Weinhügeln auf den Schwarzwald-Vorhügeln gedeihen neben dem Müller-
Thurgau vor allem Kerner und Burgundersorten.

ORTENAU: Hier befinden wir uns im Herzen der badischen Weingaue im Rheintal und
treffen auf eine Geschichte dieser Landschaft, die genau so wechselhaft ist wie ihr felsiger
Untergrund aus Granit, Gneis, Porphyr und Buntsandstein. Der Boden ist fruchtbar und auch
hier schützt das Schwarzwald-Massiv vor rauen Ostwinden.

Der Wein reift am Sonnenhang zwischen Offenburg und Baden-Baden zu einem guten Tropfen heran.. Weinhistorisch interessant ist, dass die Orte Varnhalt, Steinbach, Neuweier und Umweg ihre Riesling-Weine in Bocksbeutelflaschen abfüllen, was einem Herrn Knebel von Katzenellenbogen zu verdanken ist, der Schloß, Weinberg und –keller in Neiweier erbte und von Würzburg im Unterfränkischen Bocksbeutelflaschen mitbrachte, in die er badischen Rebensaft füllen ließ.

BADISCHE BERGSTRASSE/KRAICHGAU: Der jährliche frühe Aufbruch in den Frühling nützt nicht nur den Mandelbäumen und den Magnolien hier, sondern auch dem angebauten Wein. Die hiesige Weinkarte erstreckt sich auf das Gebiet zwischen Pforzheim, Bruchsal und Weinheim a.d. Bergstraße. Müller-Thurgau und Riesling dominieren hier und letzteren sollte man unbedingt zu frisch gestochenem weißen Spargel aus der Oberrhein-Ebene genießen.

BADISCHES FRANKENLAND: Unsere Weinreise durch badische Gefilde beenden wir im Land der Franken, wo aus klimatischen Gründen der angebaute Müller-Thurgau an der Spitze der Sortentabelle steht. Man schätzt den milden fruchtigen Tropfen aus dem Land der Tauber, wo rebenumrankte Madonnen-Statuen den Weg markieren und wo Blechlawinen uns noch nicht überrollen. Lagenamen wie „Nonnen"- und „Kirchberg" erinnern an fromme Traditionen des Winzerstandes, mitgeprägt durch die ständige Abhängigkeit von den Launen der Natur.

Als Grundlage für diese Weinreise dienten die Bereiche des Weinanbaugebietes Baden. In diesen Bereichen hat nun das Weingesetz eine weitere Feinstruktur vorgenommen, für die zunächst der Wirrwarr in der Fülle alter Lagenamen gewissermaßen flurbereinigt werden musste .
Für die rund 15.000 Hektar des badischen Rebgrundes blieben aber noch knapp über 300 Einzellagen in Großlagen übrig.
Aus den 90er-Jahren liegt noch eine Broschüre des Weinanbaugebietes Baden vor, die auf die Großlagen eingeht und uns mitteilt:

Die Großlage im Bereich Badisches Frankenland heißt bezeichnenderweise „Tauberklinge" – zu der wiederum beispielsweise der „Kirchberg" von Beckstein als Einzellage gehört, ebenso wie die Einzellagen von Reichholzheim. Dieser kleinste geografische Herkunftshinweis muss sich auf eine örtlich genau abgegrenzte und in der Weinbergrolle des Regierungspräsidiums eingetragene Rebfläche (mindestens 5 ha) beziehen.
Die Großlage darüber umfasst mehrere Einzellagen, die auch über mehrere Gemarkungen verteilt sein können – aber auf jeden Fall nur zu einem bestimmten Anbaugebiet und Bereich gehören müssen. Dass aus dem Areal einer Großlage Weine von gleichartiger (gebietstypischer) Geschmacksrichtung zu erwarten sein müssen, dieses Postulat wird auf dem Muschelkalk-Untergrund der „Tauberklinge" bestens erfüllt. Schließlich soll nicht vergessen werden, dass Einzel- und Großlagenbezeichnung auf dem Etikett durch Ortsnamen zu ergänzen sind. Dabei nutzen die Winzer in Baden bei den Einzellagen die Gelegenheit, den Sprachschöpfungen der Gemeindereform zum Trotz, nostalgischen Stolz auf traditionsreiche Ortsbezeichnungen zu demonstrieren.

Der Blätterwald der Verordnungen kennt kein Waldsterben

Erfindungen werden heutzutage immer rarer, aber der Blätterwald der erlassenen
Verordnungen zeigt ein immerwährendes Grün.
So wurde in Brüssel eine Neue Klassifizierung für den Weinkauf festgelegt: Bei Weinen ab
dem Jahrgang 2000 gelten jetzt lt. Verordnung Nr. 3201/90 neue Begriffe im deutschen
Weinbezeichnungsrecht. Mit dem neuen Erlass versucht man deutsche Weine auf den
internationalen Märkten konkurrenzfähiger zu machen.

Die Begriffe „Spätlese" und „Auslese" stehen für anspruchsvolle, jedoch größtenteils
liebliche Weine. Wer ein Etikett mit der Aufschrift „Auslese trocken" liest, ist irritiert.
Der Hauptkern dieser neuen Begriffe CLASSIC und SELEKTION gilt für Weine aus
gebietstypischen, klassischen Sorten (wie Riesling, Silvaner, Spätburgunder) mit einem
gehobenen Qualitätsanspruch und einer Geschmacksrichtung, die den internationalen
Vorstellungen von „harmonisch trocken" entspricht. Auf dem Flaschenetikett zu ersehen ist
der Name des Winzers und das Anbaugebiet und nur wenige weitere Angaben.
Man erhofft sich dadurch mehr Übersichtlichkeit.

CLASSIC
Der Käufer erwirbt einen klassischen Wein einer gebietstypischen Rebsorte, der kräftig,
gehaltvoll und aromatisch schmeckt und 1 % vol über dem Mindestalkoholgehalt der
jeweiligen Rebsorte liegt, aber mindestens 12 % vol haben muss sowie einen Restzucker-
Gehalt von 15 g/l.

SELEKTION
Hier handelt es sich um die neue trockene Spitzenklasse eines deutschen Weines.
Verschiedene Kriterien sind dazu unerlässlich: Der Anbaustandort muss ein ausgewählter
sein, der Rebstock muss einen geringen Ertrag erbringen, die Trauben müssen handverlesen
sein und die so erzeugten Weine dürfen frühestens am 1. September des auf die Ernte
folgenden Jahres auf den Markt kommen.
Der Mindestalkoholgehalt beträgt 12,2 % vol und die Restzuckerhöchstgrenze darf nur
9g/l betragen und ein Hektarhöchstertrag von 60 hl/ha ist vorgeschrieben.
Die Anbauflächen müssen bei der Weinbaubehörde bis 1. Mai angemeldet werden.
Weiter ist eine Kennzeichnung der Parzellen erforderlich.

Seligkeit und Liebe, Treue, Muth und Kraft

Alle edlen Triebe ruhn im Rebensaft.
(Gasthaus "Zur Traube" in Monsheim/Südlicher Wonnegau in Rheinhessen)

Aus dunklen Kellermauern ein süßes Duften weht,

der Mensch ist zu bedauern, der hier vorübergeht.
(Spruch am Freyburger Wein- und Sektkeller, Freyburg/Saale-Unstrut)

Z w i s c h e n b i l a n z   o d e r   S o l l   u n d   H a b e n   i n   d e r   K ü c h e

Jeder Kaufmann macht am Ende des Geschäftsjahres seine Jahresbilanz. Anhand der
erstellten Zahlen erkennt er, ob sein Betrieb läuft, ob er Gewinn abwirft und ob er die Zukunft
sichern kann.
Weshalb soll es da nicht erlaubt sein, eine Zwischen-Bilanz für einen Teil unserer
Volkswirtschaft aufzustellen? Gastronomie, Küche und Wein bilden zwar nur einen Bereich
ab, aber bekanntermaßen ergeben viele kleine Teile ein Ganzes.
Unsere Jugend macht, wie überall auf der Welt eine Lehrzeit durch.
Der Lehrherr (steht hier für uns als Erwachsene) wird sein Bestreben darauf ausrichten, dem
Lehrling (steht für Jugend) möglichst viel Wissen und Kenntnisse für dessen späteren Berufs-
und Lebensweg zu vermitteln, während es diesem obliegt, möglichst viel Erlerntes richtig um-
und einzusetzen.

Im zu besprechenden Teil Gastronomie, Küche und Wein gibt es einige Unstimmigkeiten und
Ungereimtheiten. Beginnen wir mit den Fakten:
Wenn wir bei der Lektüre bis zur Hälfte dieses Eiswein-Kochbuches gekommen sind und
vielleicht einige Rezepte bereits ausprobiert haben, könnten wir uns entspannt zurücklehnen
im Bewusstsein, dass wir mit unseren Eisweinen, den Beeren- und Trockenbeeren-Auslesen
wahre Kostbarkeiten besitzen.
Dank dieser breiten Palette erstklassiger Weine in Küche und Keller, gepaart mit ihrem
Können erreichen deutsche Köche allerhöchste Kochehren.
Aufgrund unserer vorhandenen landsmannschaftlichen Küchen- und Speisespezialitäten ist
eine durchgeführte kulinarische Reise zu Töpfen und Pfannen in jedem Bundesland
gleichzeitig eine deutsche Reise.

Was ist da zu bemängeln? Klingt doch gut!
Aber werden alle Restaurantbesitzer und alle Köche dieser Verpflichtung immer und überall
gerecht? Zweifel dürfen angemeldet werden.
Bietet ein Gasthaus Deutsche Küche und deutsche Gerichte an, dann weiß der Gast, welche
Köstlichkeiten auf ihn harren. Er ist sicher, dass heimische Produkte verwendet werden, aber
vor allem erwartet er, dass ihm Weine aus unseren Weinanbaugebieten zur Auswahl stehen!
Jeder Wein schmeckt dort am besten, wo er angebaut und geerntet wurde. Enttäuschung ist
jedoch vorprogrammiert, wenn auf der vorgelegten hauseigenen Weinkarte eine wahllose
Zusammenstellung von Weiß- und Rotweinen quer um den „Wein-Globus" erscheint und dem
Gast somit der Überblick erschwert wird.
Wir würden gut damit fahren, unseren edlen Weinen mehr Achtung zu zollen. Weine und
Winzerbetriebe haben es verdient.
Die Besucherzahlen aus dem Ausland steigen in Deutschland jährlich an. Was ist der Grund
für diese Beliebtheit?
Die Gäste besuchen unser Land, sie wollen unsere Sehenswürdigkeiten schauen, in unseren
Kulturkreis eintauchen, unsere Küche erleben und unsere Weine kosten.

Im selben Atemzug besteht für uns im eigenen Land die Möglichkeit, in ein ausländisches Restaurant einzukehren, dort zu speisen und Einblick in die vorgelegte Weinkarte zu nehmen. Wenn wir das Getränkeangebot in Augenschein nehmen, werden wir i m m e r ein deutsches Bier, meist ein Bier vom gleichen Ort, bestellen können (droht hier der Biertrinker gar mit Verweigerung?).

Die reichlich angebotenen fremden Weine erfreuen uns, weil sie Urlaubserinnerungen an Italien, Griechenland, Spanien wachrufen.

Fehlanzeige aber bei deutschen Weinen! Der Gast sucht vergebens danach; wenn er Glück hat entdeckt er mal ein oder zwei deutsche Gewächse.

Der Fairness halber sei eingeräumt, dass Ausnahmen die Regel sein können.

Doch klingen die Töne nicht unbedingt harmonisch. Eine objektive Beurteilung obliegt dem Gast. Er kann selbst eine Gewinn-Verlust-Rechnung erstellen.

Für unsere Jugend sollen diese Betrachtungen ein Denkanstoß sein. Jugend kann Werte setzen, sich der eigenen Leistung bewusst sein und sie kann viel bewegen.

Mit der Tradition zu leben heißt auf Bewährtes zurückzugreifen und auf Erreichtes stolz zu sein. Dies gibt Sicherheit, stärkt das Selbstbewusstsein und garantiert eine Identität..

Reden wir mehr miteinander!

Der vorstehende Artikel kann einem Zeitdokument gleichen. Zeit ist heute immer mehr zu einem kostbaren Gut geworden. Das Geheimnis, was Zeit eigentlich ist, werden wir nicht exakt bestimmen können. Wir messen an und in der Zeit, wir nehmen die Zeit wahr, wir leben mit der Zeit und verfluchen die Zeit. Wir richten uns nach der Zeit und leben mit den Erfahrungen, die die Zeit uns gebracht hat, uns momentan bringt und noch bringen wird.. Das Phänomen Z e i t beantwortet uns alle gestellten und auftauchenden Fragen mit den Worten: „Das wird die Zeit bringen!"

Beruhigend mag da sein, dass sich seit Jahrtausenden die Menschheit darüber schon ihre Gedanken gemacht hat. Ob sie einer Lösung näher kam sollen uns diese Verse verraten:

„Was ist also ‚Zeit'? Wenn mich
niemand danach fragt, weiß ich es;
will ich einem Fragenden es
erklären, weiß ich es nicht."
  (Augustinus)

Du selber machst die Zeit;
Das Uhrwerk sind die Sinne:
Hemmst du die Unruh' nur,
So ist die Zeit von hinnen.
  (Angelus Silesius)

Hat alles seine Zeit!
    Das Nahe wird weit
Das Warme wird kalt
    Der Junge wird alt

Das Kalte wird warm
    Der Reiche wird arm
Der Narre gescheit
    Alles zu seiner Zeit.

  Joh.Wolfgang v. Goethe

Wein - Wanderweg in das weit entfernte Reich der Mitte

Es ist oft sehr interessant einen Blick über den eigenen Tellerrand zu werfen.

Beispielsweise in das bevölkerungsreichste Land der Welt mit seinen 1,3 Milliarden Menschen.
Dort soll der Weinkonsum pro Kopf nur einen halben Liter betragen! In Europa kommt man auf einen pro Kopf-Verbrauch von 24 Litern.
Dabei belegen nach Aussagen eines Zeitungsartikels Ausgrabungen in der chinesischen Provinz Henan, dass in China bereits vor 9000 Jahren Wein angebaut wurde, aber diese Tradition irgendwann, irgendwie nicht fortgesetzt wurde.
Etwa seit den 90 er Jahren gewinnt der Wein dort zunehmend Freunde.

Die europäischen Winzer sind natürlich ebenso wie chinesische Weinerzeuger und –händler an diesem Riesenmarkt interessiert und sind auch jederzeit in der Lage mit reichlichen Traubensorten diesen Markt abzudecken, während China dies nur mit einer kleinen Anzahl einheimischer lokaler Rebsorten vermag.

Auch das Land der Mitte hat Weinexperten, welche ein Artikel in der WamS v. 8.1.2006 auch benennt. Eine Sommeliere namens Wu Shuxian sieht als Kennerin ihre Favoriten bei den deutschen Weinen und lässt wörtlich in diesem Artikel uns wissen:

"Silvaner und trockene Rieslinge harmonieren mit der kantonesichen Küche, fruchtbetonte Weißweine wie Bacchus oder Kerner passen perfekt zu scharfen und würzigen Gerichten aus Szechuan und Shanghai. Schade ist dabei nur, dass sich bisher kaum ein deutscher Winzer um China kümmert".

Jungwinzer aufgepasst! Überhört nicht dieses Signal!
Wenn unsere deutschen Weine den Chinesen schon so bekannt sind, dann werden unsere Spitzenweine mit ihren aussagefähigen markanten Weinberglage-Namen keinen Vergleich mit den chinesischen Weinberg-Lagen zu scheuen brauchen und sie werden dort bestens ankommen. Die chinesischen Lagen tragen so interessante Namen, dass es geradezu verlocken muss, sie in eine lustige Beziehung zu unseren Weinen zu setzen:

Der chinesischen Weinlage „Schwarzes Hühnerherz" könnte man mit Monzinger Frühlingsplätzchen überbracht von einem Ediger Osterlämmchen Freude bereiten

Eine chinesische „Drachenperle" könnt man mittels einer Zeller Schwarze Katz mit einem Nackenheimer Stiel im Kreuznacher Krötenpfuhl vielleicht finden

Ein chinesisches „Stutenauge" könnte man auf einer Mussbacher Eselshaut durch einen Bernkasteler Doktor in das Graacher Himmelreich transportieren.

Hier bleibt es nicht mehr süß

Der rebsortenreine Winzeressig

Wie gewinnt man Kunden? Wie macht man ein Produkt bekannt?

Durch Werbung in vielfältiger Art!
Dies kann über das Fernsehen, den Rundfunk, Fachzeitschriften und Tageszeitungen, auch über das Internet, Kinowerbung, Schaufenster, Litfasssäulen und mehr geschehen.

Einen kleineren Teil nimmt die Mundpropaganda ein, die man nicht unterschätzen soll. Hier können sich Personen und Interessierte ausführlich mit dem Produkt befassen, sie können ihre Fragen stellen und vermögen gemachte Erfahrungen weiterzugeben.

Wenn wir uns nun auf den Winzeressig beziehen, der von heimischen Winzern und Weinbaubetrieben selbst hergestellt und angeboten wird, dann werden wir nur Lob und positive Worte hören.
Ein rebsortenreiner Winzeressig entsteht durch eine lange und schonende Gärung, die mehrere Monate dauert und die Umwandlung des vorhandenen Alkohols in Essigsäure bedeutet.
Dadurch behält der Winzeressig die im Wein vorhandenen und neu entstehenden Vitamine und Mineralstoffe. Er entwickelt eine kräftigere Farbe und ein besonders feines und schönes Bukett.
Ohne Konservierungsstoffe wird er in Flaschen verschlossen.
Durch die schonende Gärung ist es möglich, dass Winzeressig den bis zu 150fachen Gehalt an Vitaminen und Mineralstoffen gegenüber einem Industrie-Essig enthält.
Im Industrieverfahren dauert die Essigherstellung teils nur 24 bis 36 Stunden.
Massenproduktionen, Billigessige aus Branntwein, synthetische Essigsäure und Essigessenz haben dem Ruf des Essigs geschadet.
Der Winzeressig ist gesund!
In früheren Zeiten genoss Essig als Allheilmittel einen guten Ruf. Essig war als Kosmetika bekannt und verdünnt kennen wir ihn heute noch als Getränk Die desinfizierende und heilende Wirkung eines echten Essigs wird wieder entdeckt. Rebsortenreiner Winzeressig fördert unsere Verdauung und geht als Energiespender direkt ins Blut. Und bedenken Sie auch: Sodbrennen kann nicht nur ein Zeichen für Säureüberschuss sondern auch ein Zeichen für Säuremangel sein.
Wenn nun mit Blick auf den Geldbeutel ein Winzeressig teurer erscheint, dann sollte man beachten, dass durch seinen hohen Säuregehalt (mindestens 6%) weniger Essig in der Küche bei der Speisenzubereitung gebraucht wird.

Ich bin ein Genießer durch und durch!
Manchmal lese ich den Struwwelpeter, die Zeitung und
Märchen.
Aber ich kann es nur noch nicht sagen!
Und essen tue ich am liebsten.

Ich freue mich immer, wenn Mama und ich ein A s p i k machen.

Dann nehmen wir 150 Milliliter vom Riesling Eiswein und kochen den ein bischen ein.

Dann schütten wir einen halben Liter von Omas guter Doppelkraftbrühe dazu und alles muss dann ganz kurz noch einmal heiß werden.

Dann tut Mama den Topf vom Ofen und holt ungefähr acht Blatt weiße Gelatine aus dem Wasser, wo sie sie eingeweicht hat. Sie drückt sie leicht aus und tut sie in die heiße Kraftbrühe und den Eiswein.

Und bevor der Mama ihr A s p i k fest und hart wird, streicht sie davon mit einem Pinsel das Aspik über unseren Sonntagsbraten, damit der so schön glänzt.

Dann arbeite ich ganz allein und schneide aus dem harten Aspik lauter kleine Würfelchen aus.

Das ist das allerschönste beim Kochen. Viele Grüße von euerer S o p h i e aus Worms

Jetzt schreiben unsere Vorfahren.

Eigentlich schade, daß viele die deutsche Schrift nicht mehr lesen, geschweige schreiben können!

Briefe der Urgroßeltern bleiben uns mit ihrem Inhalt verschlossen und amtliche oder kirchliche Dokumente und Aufzeichnungen ebenfalls.

Der biblische König Salomo sagte einst:
„Ein jegliches hat seine Zeit".
Wann ist aber die Zeit da und wann ist die Zeit um? – Diese Fragen wird sich schwerlich ganz beantworten lassen.
Im Hinblick auf die geschriebene deutsche Sprache würde es aber bestimmt nicht schaden, wenn in den Schulen Grundkenntnisse vermittelt würden.
Auch dies wäre eine gewisse Identität mit unserem Land und seiner Geschichte.

Deshalb erlaube ich mir mit einem Rezept aufzu-
warten:

Haselnußkuchen mit Sauerkirschen.

Zutaten: 4 Eier, 175 gr. Zucker, 125 gr. Mehl,
200 gr. Butter, 175 gr. Haselnüsse.

1 Teelöffel Zimt, 1 Teelöffel Backpulver, ein ganzes Glas Sauerkirschen, 100 gr. geriebene Blockschokolade, die auch bitter sein darf.

Zubereitung:
Einen Rührteig wie gewohnt herstellen.
Eine schwarze Springform mit Butter ausfetten und den vorbereiteten Teig einfüllen.
Obendrauf die gut abgetropften Sauerkirschen geben und etwas in den Teig drücken.
(Um zu vermeiden, dass die Sauerkirschen dabei nicht allen bis hinunter auf den Boden sinken, soll man sie vorher in Mehl wälzen, denn dann sind sie gleichmäßig im Rührteig verteilt).
Den Backofen vorheizen und Haselnusskuchen auf der mittleren Leiste einschieben.
Die Backzeit bei 200 Grad beträgt ungefähr 45 - 50 Minuten.
Nach dem Erkalten aus der Springform nehmen und obendrauf mit etwas steif geschlagener süßer Sahne verzieren.

Dieses Rezept wurde in „Sütterlin" geschrieben und ist sozusagen die entschärfte Form der „alten deutschen Schrift" unserer Ahnen, die damals noch die vielen Spitzen in den Buchstaben hatten.

Nieren gebraten   für 2 Personen

Zutaten: wahlweise 4 Lamm- oder Kalbsnieren, 50g Butter, Salz, Pfeffer, 1/10 ℓ Spätburgunder Eiswein, 1/10 ℓ Rinderkraftbrühe, Mehlbutter.

Zubereitung: Die Nieren längs teilen, Haut abziehen und die Hälften schräg nochmals teilen (Lamm). Kalbsnieren dagegen in die Würfel teilen. – Jeweils Sehnen, Adern, Nierenfett entfernen, mit Salz und Pfeffer bestreuen und sorgfältig mischen. 30g Butter in Pfanne mit hohem Rand schmelzen lassen und sobald die Butter zu zischen beginnt, die Nierchen bei sehr großer Hitze rasch anbraten! Nieren dürfen auf keinen Fall Wasser ziehen, denn erstens würden sie dadurch kochen, zweitens würden sie hart werden! Nierchen leicht Farbe annehmen lassen und sie zwischen zwei vorgewärmten Tellern warm halten. Mit dem Eiswein den Bratenfond lösen, alles um die Hälfte einkochen. Kraftbrühe zugießen und 2 Min. kochen lassen, Pfanne vom Herd nehmen und restliche 20g Butter einziehen. Nierchen in die Soße geben (diese evtl. mit Mehlbutter binden) und heiß in der Schüssel servieren.

Butterreis dazu

Zutaten: 250g Langkornreis, 50g Butter, Salz

Zubereitung: 2 ℓ Salzwasser aufkochen, kalt kurz abgebrausten Reis einschütten, zugedeckt wieder zum Kochen bringen und in 12-15 Min. bei mittlerer Hitze gar kochen. Reis auf Sieb kurz abschrecken, abtropfen lassen. Butter zerlassen, Reis darin kurz ausschwenken und heiß auftragen.

Nieren in Senf-Sahne-Sauce

__Zutaten:__ 2 Kalbsnieren à 250g, Bund Suppengrün, 1 EL Sojaöl,
4 cl Asbach Uralt, 1/8 ℓ Riesling Eiswein, 1/8 ℓ Kalbsbrühe,
20 ml süße Sahne, 1 EL mittelscharfer Senf, weißer
Pfeffer, Salz, 4 EL Röstzwiebeln.

__Zubereitung:__ Die Kalbsnieren enthäuten, Fett entfernen, dann
halbieren. Röhren sauber ausschneiden und Nieren in Scheiben
schneiden. Suppengrün waschen, zerkleinern. Sojaöl in einer
Schmorpfanne erhitzen und Nierenscheiben unter öfterem Wenden
3 - 4 Min. anbraten. Mit erhitztem Weinbrand begießen, flambieren,
entnehmen und warmstellen. Suppengrün in Pfanne anrösten,
bis es Farbe nimmt, mit der Kalbsbrühe und dem Eiswein ablöschen
und auf starker Hitze etwa 6 Min. kräftig kochen lassen.
Durch ein Sieb passieren, Fond mit Sahne und Senf verquirlen,
pfeffern, salzen und noch einmal kurz aufkochen lassen.
Die Kalbsnieren in die Sauce einlegen und nochmals kurz für
5 Min. auf mittlerer Hitze garziehen lassen.
In einer vorgewärmten Schüssel anrichten und mit den
Röstzwiebeln bestreut servieren. __Reis paßt dazu.__

Basmatireis

1.) Den Basmatireis in einer Tasse abmessen und in einen
Topf geben. Mit derselben Tasse die doppelte Menge Wasser
abmessen und zum Reis gießen.

2.) Den Topf zudecken und das Wasser mit dem Reis zum
Kochen bringen. Sobald es kocht, die Hitze reduzieren.

3.) Reis bei ganz schwacher Hitze quellen lassen. Nach Ende der
Garzeit den Deckel abheben und Reis kurz ausdampfen lassen.

Parmaschinken mit Grapefruits

Zutaten: 2 rote Grapefruits, 150g Zucker, 4 EL Riesling Eiswein,
Saft einer halben Zitrone, 1 kleiner Eichblattsalat-Kopf,
Pfeffer, 8 Scheiben Parmaschinken, Schnittlauch.

Zubereitung: Grapefruits von weißer Haut befreien und die
Filets sauber heraustrennen. Filets mit Zucker, Eiswein und
Zitronensaft zum Kochen bringen. Pfeffern und das Ganze
5 Min. köcheln lassen. Danach abkühlen lassen. Eichblattsalat
putzen, waschen, trockenschleudern und auf 4 Teller verteilen.
Parmaschinken in Streifen schneiden, dann mit den Grapefruit-
filets und der Sauce über den Eichblattsalat verteilen und alles
mit Schnittlauch servieren. Stangenweißbrot reichen.

Pörkölt von Puter   für 8 Personen

Zutaten: 1 Puter (zerlegt in Portionsstücke), 350g Paprika speck in
Spickstreifen geschnitten, ½ l Hühnerbrühe, 4 EL saure
Sahne, 4 EL Huxelrebe Eiswein (oder Tokaier).

Zubereitung:

Jedes einzelne Puterstück mit Paprikaspeckstreifen spicken.
In einem großen Schmortopf von allen Seiten gut anbraten.
Die Fleischstücke im Schmortopf belassen und 40 cl Hühnerbrühe
angießen und mit aufgelegtem Topfdeckel im vorgeheizten Backofen bei 150° (Gas: 1) schmoren. Sobald das Fleisch halbgar ist,
die saure Sahne angießen. Puterstücke entnehmen sobald Fleisch
ganz weich ist. Bratensatz mit Wein und restlicher Brühe loskochen. Ohne weiteres Andicken als Soße servieren. Klöße dazu.

Poularde auf Kreolen-Art

Zutaten: 1 Poularde frisch oder Tiefkühlware

Füllung: 3 EL Walnüsse gerieben, 1 Apfel geraspelt, 1 TL Rosinen,
2 EL Semmelbrösel, 2 Eier, abgerieb. Zitronenschale,
1 Zwiebel gerieben, 1 Knoblauchzehe zerquetscht, 1 TL Curry,
1 EL Riesling Trockenbeerenauslese, 100g Butter, 1-2 TL
Curry (nach Geschmack), Bratensoße.

Zubereitung: Die Poularde unter fließendem kalten Wasser waschen,
abtrocknen und außen und innen mit Salz einreiben.
Leber, Herz und Magen der Poularde vorbereiten und dann
feinhacken. Mit den anderen Zutaten gut mischen und Füllung
in den Bauch der Poularde geben. Die Öffnung zunähen, dann
auf den Bratrost über der Fettpfanne legen. Im vorgeheizten
Backofen bei 175-200° 90 Min. braten.
Nach 30 Minuten die Poularde mit gemisch aus Butter und
Curry bestreichen und während der Bratzeit noch zweimal
wiederholen. Poularde dann entnehmen und warmstellen.
Bratfond mit Wasser und 1 EL Riesling Trockenbeerenauslese
(evtl. auch auf 3-4 EL erhöhen) auf die Menge von 1/4 Liter
ergänzen und eine Bratensoße herstellen.

Als Beilage zur Poularde auf Kreolen-Art bereiten wir
einen bunten gemischten Obstsalat nach eigener Vorstellung.
Wir schneiden bei drei großen Orangen oben einen Deckel
ab, höhlen die Orangen aus und füllen sie mit diesem
Obstsalat. Damit garnieren wir die fertige Poularde und
bringen sie zu Tisch.
Wir reichen Pommes frites dazu.

Puter gefüllt nach Bretonen – Art   für 6-8 Pers.

Zutaten: Puter von gut 4 Kg. Gewicht, dünne fette Speckscheiben,
Salz, Pfeffer, 30g zerlassene Butter.

Füllung: 200g Korinthen, 1/4 ℓ Spätburgunder Eiswein, 500g
Bratwurstfüllsel, 30g Butter, 20 frische kleine Pflaumen
(in ungesüßtem schwarzen Tee halbgar gekocht, entsteint),
1 fein gehackte Putenleber, Salz, Pfeffer, 1 TL getrockneter
Thymian oder frische Blättchen davon.

Zubereitung: Korinthen 5-6 Stunden im Eiswein ziehen lassen.
Dabei nehmen sie einen Teil der Flüssigkeit auf.
Bratwurstfüllsel leicht in Butter anbraten. Dann die Korinthen,
Pflaumen, Putenleber, Thymian, Salz und Pfeffer zufügen
und alles gut vermischen.
Mit dieser Mischung füllen wir den Puter und reiben ihn mit
Salz und Pfeffer ein. Die Putenbrust mit dünnen Speckscheiben
abdecken. Das Ganze binden wir mit Garn und übergießen mit
zerlassener heißer Butter.
Backofen auf 180° (Gas: 2-3) vorheizen und bei Mittelhitze etwa
3 Stunden braten. Regelmäßig mit dem Bratensaft begießen und
ab und zu mit einem Eßlöffel Wasser befeuchten. Sobald der Puter
eine goldbraune Farbe aufweist, wird er dampfend-heiß auf den
Tisch gebracht. Bratensaft getrennt dazu reichen.
Sehr wichtig ist, daß dem Bratensaft auf keinen Fall Brühe
oder irgendeine andere Flüssigkeit zugesetzt wird !

Anmerkung: Ein Puter ist nicht so fett im Fleisch wie eine Gans.
Deshalb braucht man anfangs auch keine hohe Brat-Temperatur.
Jedoch soll man, um eine gleichmäßige Bräunung zu erreichen,
den Puter während des Bratvorganges einige Male wenden.

Rehkoteletts am Stück gebraten in rotem Bratenfond

Zutaten: 8 Rehkoteletten, 0,5 l Spätburgunder Eiswein od. Banyuls,
Salz, weißer Pfeffer, Butter, Öl, rote Weintrauben

außerdem: 500 g frische Pfifferlinge, Milch, Sahne, Salz, weißer Pfeffer,
4 Birnen, Spätburgunder Rotwein, roter Grenadinesirup.

Zubereitung: Jedes Rehrippchen hat so viel Fleisch auf beiden Seiten,
daß 2 Stück pro Portion genügen (Pro Port. 200 g einschl. Knochen rechnen).
Mit Salz einreiben, mit Pfeffer bestäuben, in Öl kurz anbraten, denn
sie sollen innen noch rosig sein.

Bratensatz mit etwas Butter aufschäumen lassen und mit reichlich
Spätburgunder Eiswein einkochen. — Rote Trauben halbieren, entkernen und im Bratensatz mit erhitzen. Geputzte Pfifferlinge in
halb Milch, halb Sahne mit Salz und Pfeffer 10 Min. dünsten, wobei
auch hier Flüssigkeit etwas einkochen soll.

Die kleinen festen Birnen mit ihrem Stiel, geschält, aber nicht durch-
geschnitten, in heißem Spätburgunder Rotwein und 2-3 EL grenadinesirup einlegen. Dabei färben die Birnen dunkelrot.

Kartoffelauflauf mit Eßkastanienpüree überbacken

Etwa 3 mittelgroße Kartoffeln (festkochende Sorte) in ihrer
Schale fast gar kochen, pellen und in Scheiben schneiden.
Eßkastanienpüree (gibt es fertig zu kaufen) auf eine gebutterte
feuerfeste Form streichen, darauf eine Schicht Kartoffelscheiben,
leicht salzen, dann wieder Kastanienpüree, einige Butterflöckchen,
erneut leicht salzen und mit Kartoffelscheiben abschließen.
Zum Abschluß einen Guß aus Milch, Sahne, geriebenem Käse.
Im Backofen bei starker Oberhitze (180°-220°) ca. 30 Min. backen,
bis Oberfläche goldbraun geworden ist.
Mit großem Löffel am Tisch Portionen ausstechen.

Schattenmorellen - Suppe

Zutaten: 750 g Schattenmorellen = Sauerkirschen, 150 g Zucker,
0,75 l Wasser, 0,1 l Gewürztraminer Eiswein,
½ TL Zimt, 1 Prise Nelken, 1 EL Speisestärke.

Zubereitung: Schattenmorellen unter fließend kaltem Wasser
waschen, entstielen, abtropfen lassen, dann entsteinen. Zuckern.
Mit ihrer Flüssigkeit, dem Eiswein, Zimt und Nelkenpulver zu
dem Wasser im Topf geben und es im Topf schwach kochen lassen.
Speisestärke kalt anrühren, Suppe binden und warmstellen.

Grießklößchen dazu: ¼ l Milch mit 20 g Zucker, Prise Salz
und abgeriebener Schale einer unbehandelten Zitrone im Topf
aufkochen. 70 g Grieß reinschütten und unter Rühren 5 Min.
kochen lassen. Zwei Eigelb in einem Becher mit etwas Grieß-
masse verrühren und dann wieder unter die Klößchenmasse
rühren. Mit Teelöffel Klößchen abstechen und in die Sauerkirsch-
Suppe gleiten und sie darin 5 Min. ziehen lassen.

Schildkrötensuppe etwas anders

Zutaten: 200 g-Dose Schildkrötensuppe, 4 EL Scheurebe Eiswein,
4 EL = 60 g Sahne, 1 TL Currypulver.

Zubereitung: Schildkrötensuppe im Topf erhitzen - nicht kochen !!
Eiswein einrühren. Sahne in einer Schüssel steif schlagen und
mit Curry würzen. Die Suppe in kleine passende Tassen füllen.
Mit einer Sahnehaube bedecken und unter dem vorgeheizten Grill
3 Min. gratinieren. Sofort zu Tisch bringen. – Paprika-Schmelz-
Käse dünn auf runde Salzkekse streichen und aufeinanderlegen.

Schweinefilets gefüllt hanseatisch · bis 6 Pers.

Zutaten: 2 Kräftige Schweinefiletstränge, 2 gr. Scheiben Kochschinken, 100g irischer Cheddar Käse, 8 frische kleine Salbeiblätter (1 Min. blanchiert), 2 große rote Zwiebeln, 4 Scheiben gut durchwachsener Speck, <u>10-15 cl Ehrenfelser Eiswein</u> (v.d. Hess. Bergstraße) oder Marsala ersatzw., Salz.

Zubereitung: Schweinefiletstränge zweimal längs einschneiden. Kochschinken und Cheddar in Streifen schneiden und mit den Salbeiblättchen in die Einschnitte der Filets legen. Etwas Cheddar zurückbehalten. Filets zusammenklappen und mit Garn binden. Leicht salzen. Eine feuerfeste, länglich-schmale Auflaufform leicht buttern und Boden mit gehackten Zwiebeln belegen. Wein übergießen. Filets auflegen und mit den Speckscheiben bedecken, damit sie nicht austrocknen. Im vorgeheizten Backofen bei 190° (Gas: 3) 40 Min. offen garen. Restlichen zerkrümelten Cheddar über die Filets streuen und nochmals 5 Min. in den Backofen stellen. Küchengarn entfernen und Filets am Tisch quer aufschneiden. Dazu schmecken <u>Kartoffelkroketten</u> oder <u>Pommes frites</u> oder

Milchweckknödel

Zutaten: 400g Milchwecken (1-3 Tage alt), 2 Eier, 1 Eigelb, 200-250ml Milch, je 1 EL Kerbel/Petersilie, Muskat, Salz, Pfeffer.

Zubereitung: Wecken zweimal längs teilen, dann quer in Würfel. Mit Eiern, Eigelb, Milch, gehackten Kräutern mischen, mit Salz, Pfeffer, Muskat würzen. Masse als Rolle in feuchtes Leinentuch einschlagen, mit Enden am Kochlöffel aufbinden. 40-50 Min. im Salzwasser garziehen.

Schweinefilet in Eiswein-Sahne mit Champignons

Zutaten: 4 Schweinefilets à 200g, 30g Butter, 1/4l Sahne, Salz,
Pfeffer, 1/8l Sylvaner Eiswein, 1 EL Kalbsfond, 1 Dose
Champignon Köpfe (115g), Mehl.

Zubereitung: Das Fleisch von Fett, Hautresten, Flechsen säubern, in
Mehl wenden und wieder abklopfen.

Die Schweinefilets in der Butter kräftig braun anbraten, mit Salz
und Pfeffer würzen. Den Eiswein zugießen, kurz aufkochen, dann
die Sahne und abgetropfte Champignonköpfe hinzufügen.

Die Schweinefilets kurz in der Soße ziehen lassen.

Dann die Soße mit dem Kalbsfond, Salz und Pfeffer abschmecken.
Etwas einkochen lassen, bis die Soße bindet.

Fleisch längs in Scheiben schneiden, mit der Soße und den
Pilzen überziehen. Dazu passen Knödel.

Laugenweck Knödel

Zutaten: 300g Laugenwecken, 100 ml lauwarme Milch, 1 Zwiebel,
30g Butter, 4 Eier, Salz, Pfeffer, Muskatnuß.

Zubereitung: Die Laugenwecken würfeln und mit der lauwarmen
Milch verrühren. Die Zwiebeln pellen, fein würfeln und in der Butter
andünsten.

Mit den Eiern zu den Brötchen geben und zu einem Teig verrühren. Diesen mit Salz, Pfeffer, Muskatnuß herzhaft würzen.
Den Teig 20 Min. ausquellen lassen. Mit nassen Händen aus
dem Teig 12 Knödel formen und in siedendem Salzwasser
in 20 Minuten garziehen lassen. (Einen Probekloß kochen;
gare Klöße sehen innen locker und trocken aus).

Schweinefleisch gedünstet mit Pflaumen   für 6-8 Pers.

Zutaten: 1,5 Kg. Schweinefleisch a.d. Keule, 200g Pflaumen, Spritzer
Essig, Salz, 15cl Ruländer Eiswein, 2 Lorbeerblätter, je 8-10
Pfefferkörner u. Wacholderbeeren, 60g Semmelbrösel, 30g
Butter, 4 Zuckerwürfel, ½ TL gemahl. Zimt.

Zubereitung: Schweinefleisch zusammen mit dem Eiswein, Essig,
etwas Salz, Lorbeerblatt, Pfefferkörnern, Wacholderbeeren in einen Topf
geben und mit Wasser auffüllen bis das Fleisch bedeckt ist.
Bei schwacher Hitze garen (90 Min.) mit aufgelegtem Deckel und
das Fleisch dabei häufig wenden.
Das Weckmehl in Butter bräunen. Blanchierte, entsteinte und
durch ein Sieb gestrichene Pflaumen, Zuckerwürfel und gemahl.
Zimt zugeben und mit etwas Kochflüssigkeit verdünnen.
Zum Kochen bringen. —— Schweinefleisch nach kurzer
Ruhezeit in Scheiben schneiden, Pflaumenpüree drübergeben
und anrichten. Thüringer Klöße dazu sind vorzüglich.

Thüringer Klöße

Zutaten: 1,5 Kg. rohe Kartoffeln, 500g gekochte Kartoffeln,
⅛ l Milch, Salz, geröstete Semmelwürfel.

Zubereitung: Rohe Kartoffeln schälen, waschen, reiben und gut
auspressen. Dann mit den geriebenen gekochten Kartoffeln,
Milch und Salz rasch zu einem Kloßteig verarbeiten.
Wenn der Kloßteig zu locker wird, etwas Mehl oder Grieß einarbeiten. Mit bemehlten Händen Klöße formen und in jeden
Kloß einige Semmelwürfel drücken. Klöße in kochendes Salzwasser geben und bei mittlerer Hitze garen. —— Passen
gut zu Gans mit Rotkraut an kalten Wintertagen.

Schweineschmorbraten gesimmert mit Traubensaft

Zutaten: 1 Kilo Filetkotelettstück (ausgebeint und gebunden),
1/4 l Traubensaft weiß, 2-3 EL Ruländer Eiswein,
6 EL Olivenöl, Salz, weißer Pfeffer.

Zubereitung: Kotelettstück mit etwas Olivenöl bestreichen, übriges davon in tiefer Bratenpfanne bei starker Hitze heiß werden lassen und das Fleisch von allen Seiten braun anbraten. Traubensaft und Eiswein zufügen, Deckel auflegen und den Braten bei sehr schwacher Hitze simmern lassen. Der Schmorbraten ist nach 90 Min. gar. Das Fleisch ist zart gewürzt, die Soße dickflüssig mit leicht säuerlichem Geschmack. Mit Salz und Pfeffer abschmecken und Soße über das Fleisch gießen. Neue Kartofeln passen dazu.

Schweinswürstchen in Weißweinsauce   für 2 Personen

Zutaten: 400g feine Bratwürste, 10 cl Fleischbrühe, 1/2 TL Fenchelsamen
10 cl Riesling Eiswein, 1 EL frisch gerieb. Parmesankäse.

Zubereitung: Bratwürste mit spitzem Messer mehrmals einstechen und zusammen mit Fleischbrühe, Eiswein, Fenchelsamen und Parmesankäse in einen Topf geben. Ohne Deckel etwa 20 Min. garen, dann ist die Soße eingedickt. Heiß servieren.

Pfannkuchen

250g Mehl sieben, nach und nach 1/2 l Milch und 3 Eier zugeben, leicht salzen und nicht zu flüssigen Teig bereiten. 20 Min. ausquellen lassen. Pfannenboden gerade mit Öl bedecken, etwas Teig hineingeben, dabei Pfanne schwenken, um den Teig zu verteilen. Die Unterseite leicht bräunen, Pfannkuchen wenden und von der anderen Seite bräunen. Auf eine vorgewärmte Platte legen.

Schweinezunge mit Granatapfelsauce

Zutaten: 2 mittelgroße Schweinezungen, 2 große, reife Granatäpfel (ausgekörnt), 1 große gewürfelte Gemüsezwiebel, 8 geschälte Kartoffeln, 1 Eßlöffel Weißweinessig, ⅜ l frischer Riesling Kabinett, ⅛ l Riesling Trockenbeerenauslese, Schweineschmalz und Olivenöl, Zimt, Salz, Pfeffer.

Zubereitung:

Die frischen Schweinezungen unter fließendem Wasser abwaschen und dann in einem Liter kaltem Wasser mit Salz bei mittlerer Hitze zum Kochen bringen und gut eine Stunde knapp vor dem Siedepunkt garen. Die Zunge häuten.

In einem kleinen Bräter Olivenöl und Schweineschmalz zu gleichen Teilen erhitzen, die gewürfelten Zwiebeln und die Schweinezungen zusammen anbraten und rundum bräunen. Die Granatapfelkörner (einige davon zum Dekorieren zur Seite stellen), Zimt, Pfeffer und Salz hinzugeben.

Dann zunächst mit dem Weißweinessig und den beiden Weinsorten ablöschen.

Die Schweinezungen, die man nach dem Abziehen der harten äußeren Haut in ihrer Kochflüssigkeit ließ, dort herausnehmen, in dünne Scheiben schneiden, auf einer vorgewärmten Platte anrichten und warm stellen.

Die Bratensoße passieren und über die Zungenscheiben verteilen.

Mit den restlichen Granatapfelkörnern garnieren.

Als Beilage können dazu geviertelte, in Olivenöl ausgebackene Kartoffeln gereicht werden.

Sollten von den Schweinezungenscheiben einige übrigbleiben, kann man sie bemehlen, in zerschlagenem Ei wenden und braten.

Spätburgunder – Rotweinkuchen

Zutaten: 250 g Sauerrahmbutter, 250 g Zucker, 1 Päckchen Vanillzucker, 250 g Mehl, 1 Päckchen Backpulver, je 2 TL Zimt und Kakao, 100 g Schokostreusel, 3 Eier, 1/8 l Spätburgunder Eiswein, Aprikosenmarmelade, Schokoglasur.

Zubereitung: Die weiche Butter schaumig rühren. Abwechselnd Eier, Zucker, Vanillezucker zugeben und ebenfalls schaumig rühren. Das mit Backpulver vermischte Mehl mit dem Zimt und Kakao mischen und mit den Schokostreuseln unter die Schaummasse heben. Den Eiswein zum Schluß unterrühren.

Bei 175° im vorgeheizten Backofen 1 Stunde backen.

Nach dem Abkühlen mit der Aprikosenmarmelade bestreichen und mit Schokoglasur überziehen.

Eine Abwandlung wäre auch, den Rotweinkuchen leicht mit Puderzucker zu bestäuben.

Spätburgunder – Eisweintorte

Zutaten: 8 frische Eier, 250 g Zucker, 125 g geriebener Zwieback, 60 g gemahlene Walnüsse, 1/2 TL Zimt, 1 Msp. Nelkenpulver, entsprechende Menge Spätburgunder Eiswein.

Zubereitung: Eier und Zucker schaumig rühren und die anderen Zutaten beigeben.

Die Teigmasse in eine gefettete Kastenform füllen und bei 180° 45 Minuten im vorgeheizten Ofen backen. Inzwischen den erforderlichen Spätburgunder Eiswein erhitzen (aber er darf nicht kochen!) und den heißen Kuchen übergießen.

Stubenküken und Eßkastanien mit Eiswein

Zutaten: 4 Stubenküken, 2 EL Öl, 1 Zwiebel, 6 Scheiben durchwachs. Speck ohne Schwarte, 2 EL Mehl, 400 ml Hühnerbrühe, 150 ml Orangensaft, 3 EL Scheurebe Eiswein, 2 EL Butter, 225 g geschälte Maronen, 2 Orangen (in Scheiben), Salz, schwarzer gem. Pfeffer, frische Brunnenkresse.

Zubereitung: Backofen auf 180° (Gas: 4) vorheizen. Öl in flacher Kasserolle erhitzen und die Stubenküken anbräunen. Ohne die Flüssigkeit in eine Schüssel legen und warmhalten. Zwiebelwürfel, kleingehackten Speck in die Pfanne geben und sautieren, bis sie goldfarbig sind. Mehl einrühren und ca. 1 Minute dünsten, bis es anfängt zu bräunen. Sofort Hühnerbrühe, Orangensaft und den Eiswein zugießen und anschließend mit Salz und Pfeffer abschmecken. Unter ständigem Rühren zum Kochen bringen, dann die Stubenküken wieder in die Kasserolle geben. Mit aufgelegtem Deckel in den heißen Backofen stellen und eine halbe Stunde backen. Die geschälten Maronen einrühren, die Kasserolle wieder in den Ofen stellen und weitere 30 Min. braten. Kurz vor dem Servieren die Orangenscheiben in Butter beidseitig goldbraun dünsten. Die Stubenküken können in der flachen Kasserolle auf den Tisch gebracht werden und man garniert sie mit diesen Orangenscheiben und der Brunnenkresse. Sofort servieren.

Dazu reichen wir Laugenweckknödel.

Die Eßkastanien können auch selbst geröstet werden. Dazu schneidet man mit einem scharfen Messer in die obere Rundung ein Kreuz, gibt sie in den heißen Backofen und röstet sie solange, bis die Schale aufplatzt und sie leicht von der Schale befreit werden kann.

Thunfisch geschmort

Zutaten: 800 g frischer Thunfisch, 3 EL Olivenöl, 2 EL Zitronensaft,
Salz, Pfeffer, 3 EL gehackte Kräuter (Petersilie, Thymian,
Dill, Melisse), 1 große Zwiebel, 4 EL Olivenöl, 500 g Tomaten,
1 Knoblauchzehe, ⅛ ℓ Riesling Eiswein, 2 TL Mondamin.

Zubereitung: Thunfisch unter fließend kaltem Wasser abspülen,
trockentupfen, salzen, pfeffern. Olivenöl und Zitronensaft mit den
Kräutern mischen und über den Fisch geben, der zugedeckt zwei
Stunden in den Kühlschrank kommt. Gehackte Zwiebel im Olivenöl
glasig dünsten, Thunfisch zugeben und 10-12 Min. unter Wenden
anbraten. Zerdrückte Knoblauchzehe mitbraten.
In kochendem Wasser überbrühte, abgezogene, halbierte, entkernte
Tomaten in Würfel schneiden und zum Fisch geben. 12-15 Min.
zugedeckt bei mittlerer Hitze schmoren.
In eine feuerfeste Form füllen, den Eiswein angießen, Backofen
vorheizen und Thunfisch offen darin bei 180° 30-35 Min. braten.
Dabei immer wieder mit Fond beschöpfen. Auf vorgewärmter Platte
anrichten. Bratfond mit kalt angerührter Speisestärke binden,
durch Sieb schütten und über den Thunfisch gießen.
Petersilienkartoffeln und einen Salat dazu reichen.

Petersilien Kartoffeln

1 Kilogramm kleine gleichmäßige Kartoffeln in ihrer Schale in
Salzwasser kochen, abschütten, pellen, in zerlassener Butter schwenken,
mit 2 EL gehackter Petersilie bestreuen und leicht nachsalzen.
Würde man statt Petersilie frischen Dill nehmen, so bekäme
man DillKartoffeln.

Toast mit Filets und Wildpastete

Zutaten: 4 Scheiben Rinderfilet à 180g und 4 cm hoch, 8 dünne
Scheiben Frühstücksspeck, 40g Dose Spitzmorcheln,
400 ml Rinderfond von Lacroix, 2 EL Öl, Salz, Pfeffer,
4 cl Spätburgunder Eiswein, 4 Scheiben Toastbrot, 20g
Kalte Butter, 4 kleine Scheiben Wildpastete (à 30g),
1 Glas Preiselbeeren.

Zubereitung: Die Filets mit je 2 Scheiben Frühlingsspeck um-
wickeln und mit Garn binden. Morcheln abgießen und die
Flüssigkeit auffangen. Acht schöne Scheibchen herausschneiden,
die übrigen Morcheln zerdrücken. Das Morchelpüree mit der
Flüssigkeit, dem Rinderfond und dem Eiswein sämig einkochen.
Die Rinderfilets in heißem Öl auf jeder Seite 4 Min. braten.
Mit Salz und Pfeffer würzen. Toastscheiben rösten und darauf
die Filets legen. Warm stellen.
Den Rinder-Morchel-Fond in eine Pfanne geben und aufkochen
lassen. Vom Herd nehmen und Butter in Flöckchen darunter
schlagen. Filetscheiben mit der Wildpastete und den Morchel-
scheiben belegen. Mit der Sauce und Preiselbeeren garnieren.

KartoffelKroketten

750g Kartoffeln werden geschält, gewaschen, halbiert und in
schwachem Salzwasser gargekocht. Kartoffelwasser abgießen,
Kartoffeln im Topf abdämpfen, durch die Presse drücken und
leicht abkühlen lassen. 40g Butter, 1 Eigelb, Salz, Muskatnuß
hinzugeben und so viel Mehl zufügen, daß sich aus dem Teig mit
bemehlten Händen 3 cm dicke und 5-7 cm lange Rollen ergeben.
Diese Rollen durch verquirltes Ei ziehen, im Semmelmehl (oder in
Kokosraspel) wälzen und in heißem Fett schwimmend goldbraun
backen. Zu gebratenem Fleisch und Gemüsen reichen.

Wachteln gefüllt

Zutaten: 8 Küchenfertige Wachteln, 8 dünne weiße Speckscheiben,
250 g Kalb- und Schweinehackfleisch, 1 altbackenes Brötchen,
4 große Weißbrotscheiben, Olivenöl, Butter, Salz, Pfeffer,
3-4 EL Ruländer Eiswein, 1 Schnapsgläschen Asbach Uralt,
geriebene Muskatnuß.

Zubereitung: Wachteln säubern, unter fließend kaltem Wasser waschen
und innen sowie außen mit Küchenkrepp abtrocknen.

Farce herstellen: Kalb- und Schweinefleisch zu gleichen Teilen mit
dem in heißer Milch eingeweichtem und dann ausgedrückten
Brötchen mischen, Muskatnuß darüberreiben, salzen, pfeffern.
Damit die Wachteln füllen, jede mit einer Speckscheibe umwickeln
und in Butter und Olivenöl auf kleiner Flamme braten.
Vorm Anrichten mit Asbach Uralt flambieren.
Pro Person eine Weißbrotscheibe in Butter rösten und die Wachteln
darauf anrichten und warmstellen. – In den Bratenfond ein
wenig Butter geben und mit dem Eiswein ablöschen.
Über die Wachteln gießen und sofort servieren.

Schupfnudeln, auch Buuwespitzel genannt

Zutaten: 1.000 g gekochte und gepellte Kartoffeln vom Vortag, 1 Ei,
½ TL Muskatnuß, 150 g Mehl, 30 g Butter, Salz.

Zubereitung: Kartoffeln in eine Schüssel reiben, mit Muskatnuß,
Salz, Ei und Mehl zu einem festen Teig kneten, daraus auf bemehltem Backbrett längliche Rollen von knapp 1 cm Ø formen
und in 4 cm lange Stücke schneiden. Mit der Hand formen, in kochendem Salzwasser aufkochen, bis sie aufsteigen und gar sind.

Weihnachtsbrot

Zutaten: 200g Mandeln, 1 EL Zucker, 200g Sultaninen, 200g Datteln, 200g getrocknete Feigen, 400g Butter, 400g Zucker, 1 Päckchen Vanillezucker, 7 Eier, 400g Weizenmehl, 1 TL Backpulver, 3 EL Riesling Eiswein, 50g Puderzucker zum Bestäuben, Butter zum Einfetten.

Zubereitung: Die Mandeln in einem Topf mit kochendem Wasser kurz überbrühen und sie dann von ihrer Haut befreien. Auf der Arbeitsfläche zusammen mit dem Zucker hacken.

Die Sultaninen mit kochendem Wasser übergießen und 5 Min. ziehen lassen. Datteln entkernen und mit den Feigen zusammen kleinhacken. In eine Schüssel geben. Sultaninen abtropfen lassen, trockentupfen und dazugeben. Butter in einer Schüssel schaumig rühren. Zucker, Vanillezucker und die Eier einarbeiten.

Das Weizenmehl mit dem Backpulver mischen und einige Eßlöffel auf die Früchte stäuben. Restliches Mehl zur Buttermischung geben und gut vermischen. Dann die bemehlten Früchte hinein-kneten und zum Schluß die 3 EL Eiswein einarbeiten.

Erforderliche Menge an Kastenformen mit weicher Butter ausfetten oder mit Backpapier auslegen.

Den Teig auf die Kastenformen verteilen und die Teigoberfläche glattstreichen.

Den Backofen vorheizen und die Weihnachtsbrote auf die unterste Schiene stellen und bei 175° etwa 70 Min. backen.

Auskühlen lassen, auf eine Kuchenplatte stürzen und die Oberfläche mit dem Puderzucker bestäuben.

Jedes Weihnachtsbrot vorm Servieren in etwa 20 Stücke schneiden

Weinäpfel als Nachtisch

Zutaten: 4 mittelgroße Äpfel, feiner Zucker, 2 EL Rosinen,
etwa 1/8 l Scheurebe Eiswein.

Zubereitung: Äpfel schälen, Kerngehäuse ausstechen und mit den vorher heiß überbrühten Rosinen füllen, in eine feuerfeste Form geben und den Eiswein angießen. Zugedeckt bei schwacher Hitze gar dünsten. Knapp mit Zucker bestreuen. Passen auch zu einem Gänsebraten.

Weincreme nach Großvaters Art

Zutaten: 4 Eigelb, 1 geh. EL Zucker, gut 1/8 l Riesling Eiswein, 2 EL Arrak, 6 - 8 Blatt Gelatine.

Zubereitung: Eigelb und Zucker schaumig rühren, den Eiswein mit der eingeweichten Gelatine zugeben und Masse auf dem Feuer abschlagen. Alsdann den Arrak druntergeben, die Creme in eine vorbereitete Form geben und kaltstellen.

Weinküchle - Auflauf der Jahrhundertwende

Zutaten: 4 frische Hühnereier, 90 g Semmelbrösel.

Zum Begießen: 1/8 l Sylvaner Eiswein, 30 g Zucker, 80 g Sultaninen, 1 Zimtstückchen, 1 Scheibe Zitrone.

Zubereitung: Die Hühnereier trennen. Die Eigelbe werden mit dem Zucker eine halbe Stunde gerührt. Dann steifen Eischnee und Brösel unterheben, Masse in eine bestrichene Auflaufform geben und im mäßig heißen Ofen gelb backen. Bei 140° 45 Min. Backzeit. Unterdessen stellt man mit dem Eiswein, dem Zucker, Zimtstückchen, der Zitronenscheibe und überbrühten Sultaninen auf dem Feuer eine heiße Lösung bis kurz vorm Kochen her und gießt diese Mischung vor dem Auftragen durch ein Haarsieb über den Auflauf.

Weinschaum heiß oder kalt

Zutaten: 100g Zucker, 6 Eigelb, 300 ml Scheurebe Eiswein.

Zubereitung: Weinschaum im Wasserbad bereiten: Dazu einen Dreifuß in einen größeren Topf stellen. Einen kleinen schweren Topf draufsetzen und den großen Topf etwa bis zur halben Höhe des kleinen Topfes mit Wasser füllen. Kleinen Topf entnehmen. Das Wasser jetzt bis zum Siedepunkt erhitzen und dann sofort Hitze auf kleinste Stufe schalten. Im kleinen aufzusetzenden Topf den Zucker und die Eigelbe mit Schneebesen schlagen, bis die Masse weiß und schaumig wird. Eiswein mit Schneebesen einrühren. Jetzt erst den kleinen Topf in das heiße Wasserbad stellen und ca. 10 Min. mit dem Schneebesen schlagen, bis die Mischung cremig eindickt und das Volumen sich etwa verdoppelt hat. Weinschaum darf nicht aufkochen! Entweder heiß aus dem Topf reichen oder in Gläsern abgedeckt im Kühlschrank kalt werden lassen.

Weinschaumsoße herbstlich mit Trauben

Zutaten: 4 Eigelb, 2 EL feiner Zucker, Spritzer Zitronensaft, frische Minze, Weizenpops, kleine weiße Trauben, 8 EL Traminer Beerenauslese.

Zubereitung: Die Weintrauben - es sollten kleine deutsche Trauben sein - entstielen, waschen, halbieren und die inneren Kerne entfernen. Über dem Wasserbad die 4 Eigelb mit dem Zucker und der Traminer Beerenauslese cremig schlagen und mit Zitronensaft abschmecken. Weizenpops im Mixer zerkleinern. Entkernte halbierte Trauben und Weinschaumsoße schichtweise in Dessertgläser einfüllen. Zerkleinerte Weizenpops darüber streuen und mit Minzblättchen garnieren.

Weinschnitten

Zutaten: 6 - 8 Weck (Brötchen), 1/4 ℓ Riesling Beerenauslese,
1 TL Zucker gestrichen, 1 Zimtstückchen, ½ Gläschen Wasser,
4 - 5 Eier, 3 - 4 EL Milch, 4 - 5 EL Fett oder Butter, Zucker
und Zimt zum Wenden.

Zubereitung: Die Brötchen werden nach dem Abschneiden der
beiden Endstücke in 3/4 cm dicke Scheiben geschnitten.
Wein mit Zucker, Zimt und Wasser bis vor's Kochen bringen
und zur weiteren Verwendung heiß halten.
Kurz vorm Backen taucht man die Brötchenschnitten in den
heißen Wein und legt sie zum Abtropfen auf eine Platte.
Eier mit der Milch verquirlen, getränkte Schnitten darin
wenden und sofort in die heiße Backpfanne geben.
Unter Wenden die Schnitten etwa 6 - 8 Min. backen, in Zimt
und Zucker wälzen und sofort auftragen.

Weißwein - Aprikosen - Mus als Beilage

Zutaten: 250 g getrocknete Aprikosen ohne Stein, 2 EL Olivenöl,
125 g Zwiebeln, 1/8 ℓ Riesling Eiswein, 1 TL Essig, Salz,
Pfeffer, etwas abgeriebene Zitronenschale, Rosmarin und
Thymian, zerrieben.

Zubereitung: Aprikosen in Topf geben, mit Wasser bedecken und etwa
20 Min. weichkochen, dann im Topf zu Mus zerdrücken.
Olivenöl in großer Pfanne erhitzen, gepellte großgewürfelte Zwiebeln
darin glasig dünsten. Aprikosenmus zu den Zwiebeln in Pfanne geben.
Eiswein und Essig angießen und mit dem Mus verrühren.
Dann mit Salz, Pfeffer, Zitronenschale, Rosmarin, Thymian abschmecken.
Das Aprikosenmus unter Rühren so lange kochen lassen, bis es ganz
dick geworden ist. Das fertige Mus heiß in ein sauberes ausge-
spültes Glas füllen und gut verschließen. Im Kühlschrank hält es
sich etwa 3 - 4 Wochen. Aprikosenmus paßt gut zu kaltem Geflügel
und zu Schweinefleisch.

Wildente mit Eiswein-Feigen

<u>Zutaten:</u> Küchenfertige Wildente v. 1,5 Kg., 15 Trockenfeigen,
⅜ l Spätburgunder Eiswein, 40 g Butter, gut ¼ l
Kalbs- oder Hühnerbrühe, Soßenbinder, Salz, Pfeffer.

<u>Zubereitung:</u> 36 Stunden vorher die Trockenfeigen im Eiswein
zugedeckt einweichen.

Die Wildente schwach salzen und pfeffern, dann in einem
Schmortopf in Butter bräunen. Nach 15 Min. mit dem Eiswein
erstmals beträufeln, dann in den folgenden 20 Min. weiter häufig
begießen, bis der Wein aufgebraucht ist. Die eingeweichten
Feigen um die Wildente im Topf verteilen, die Brühe zugießen
und im vorgeheizten Backofen bei 180° (Gas: 2-3) 45 Min.
schmoren, dabei Wildente häufig begießen. Soße binden.
Wildente auf vorgewärmter Platte anrichten, Feigen rundum
anordnen und Ente mit entfetteter Schmorflüssigkeit begießen.
Zu diesem Gericht passen Knödel gut dazu.

Serviettenknödel

<u>Zutaten:</u> 10 altbackene Semmeln, ⅜ l Milch, 75 g Butter, Salz,
4-5 Eier, 60-100 g Mehl, 100 g fetter Räucherspeck.

<u>Zubereitung:</u> Brötchen fein würfeln, salzen, mit heißer Milch
übergießen und ziehen lassen. Schaumig gerührte Butter nach
und nach mit den Eiern, dem feingewürfelten und angebratenen
Speck, der Brötchenmasse und dem Mehl zu einem lockeren Teig
verarbeiten. Diesen in eine Serviette aus Stoff binden, deren Enden
an einem langen Kochlöffelstiel befestigen, diesen in kochendes
Salzwasser hängen und in 40-60 Min. bei schwacher Hitze garen.
Den fertigen Kloß mit starkem Faden in Scheiben teilen.

Wingerts - Pfirsich in Traminer

Zutaten: 750 g gelbe Weinberg-Pfirsiche (enthäutet, entsteint und in Scheiben geschnitten), 60 g Zucker, <u>250 ml Traminer Beerenauslese.</u>

Zubereitung: Die Pfirsichscheiben in eine Kristallschüssel geben, denn diese bringt die warmen Farben der Früchte und des Traminers zur Geltung! Die Pfirsich zuckern und mit der Beerenauslese übergießen. Mit Plastikfolie fest verschließen und bis zum Servieren kalt stellen.

Zwiebelsuppe mit weißem Kandis

Zutaten: 800 g Zwiebeln, 3 EL Süßrahmbutter, 0,5 ℓ Fleischbrühe (auch aus Würfeln), 2 Knoblauch-zehen, je 1 Prise Pfeffer und Salz, <u>⅛ ℓ Sylvaner QbA,</u> <u>⅛ ℓ Sylvaner Eiswein</u>, 8 Scheiben von einem Stangen-weißbrot, 100 g Emmentaler Käse, 4 kleine Bröckchen weißer Kandiszucker.

Zubereitung:

Die Zwiebeln schälen und fein hacken.

Butter erhitzen und Zwiebelwürfel darin andünsten.

Dann die Fleischbrühe (vom Rind) aufgießen und bei schwacher Hitze 10 Min. kochen.

Stangenweißbrotscheiben im Toaster bräunen und mit Knoblauchzehen abreiben.

Die beiden Sorten Sylvaner (QbA + Eiswein) der Brühe beifügen und kurz mitkochen lassen.

Dann die Fleischbrühe mit Salz und Pfeffer und dem auf-zulösenden Kandiszucker abschmecken. In Suppentassen füllen, Weißbrotscheiben obendrauf, Emmentaler überstreuen und überbacken.

Zwiebelsuppe mit Teigtropfen

Zutaten: 1 Pfund kleine Zwiebeln, Butter, 20g Mehl, Salz, Pfeffer, 1ℓ Fleischbrühe, 4 Eigelb, 1/4ℓ Rahm, 1/8 ℓ Huxelrebe Eiswein, Schnittlauchröllchen.

Zubereitung: Die kleinen Zwiebeln in dünne Ringe schneiden, in Butter glasig dünsten, bemehlen, anschwitzen und mit Rindfleischbrühe aufgießen. Salzen, pfeffern und 20 Min. köcheln lassen.

Vier Eigelb in 1/4 ℓ süßem Rahm verquirlen und abseits vom Feuer in die Zwiebelsuppe seihen.

Zum Schluß den Eiswein zugießen und die Suppe nur ganz kurz erhitzen – aber nicht mehr kochen!

Die Zwiebelsuppe abschmecken und mit kleiner Menge Schnittlauchröllchen bestreuen.

Die Suppe zugedeckt zur Seite stellen.

Gebackene Teigtropfen

Zutaten: 2 Eier, etwas Vollmilch, 60-70g Mehl, Salz, frisch geriebene Muskatnuß, Ausbackfett.

Zubereitung:

Milch, Mehl, Eier, Muskatnuß und Salz zu einem dickflüssigen Teig verarbeiten und diesen portionsweise durch ein Sieb mit großen Löchern in heißes Ausbackfett rühren, sodaß kleine gebackene Teigtropfen entstehen. Diese entnehmen, abtropfen lassen und heiß in die Zwiebelsuppe legen.

Ohne Wein zubereitet, aber zu Wein passend

Ein Apfelkuchen schmeckt gut zu einem Riesling oder einem Grauburgunder, weil die Süße der Äpfel die Aromastoffe des Weins besser zur Geltung bringt.

Apfelkuchen

Ein Kuchen der schlichten Art. Seinen guten Geschmack erhält er von besten Zutaten und dem Mürbeteig.

Wie gewohnt einen Mürbeteig zubereiten und ihn zwei Stunden bis zur Verwendung in den Kühlschrank geben. Backblech mit 1 TL Butter fetten. Auf leicht bemehlter Arbeitsfläche den Mürbeteig zur runden Fläche von 3 mm ausrollen, ihn um ein Nudelholz wickeln und auf dem Backblech ausrollen. Den Teigrand etwa 0,5 cm hochdrücken und ihn ringsum mit bemehltem Daumen riefeln.

500 g Äpfel (Cox orange oder Renetten) längs halbieren, Kerngehäuse entfernen, die Hälften schälen und sie dann quer in 0,5 cm dicke Scheiben schneiden.

Die Apfelscheiben beginnen wir ringförmig so auf den Teig zu legen, daß sich sowohl die Apfelscheiben als auch die Kreise leicht überlappen. Obendrauf mit 125 g Zucker überstreuen.

In den inzwischen auf 180° (Gasherd: Stufe 2-3) vorgeheizten Backofen schieben und den Apfelkuchen 50-60 Minuten backen, bis der Belag und der Mürbeteig eine goldbraune Farbe haben.

100 g dünnflüssigen Honig (evtl. Lavendel) mit Kuchenpinsel dünn über die Äpfel streichen. Dann erst auf eine Platte gleiten lassen und noch warm servieren.

Gans schmeckt im Winter ganz vorzüglich!
Da dieses Rezept nicht mit Wein zubereitet wird, haben wir die
freie Wahl zwischen einem halbtrockenen Portugieser, einem
württembergischen Trollinger oder einem Spätburgunder.

Gänsebrust und Grieß Klößchen mit Käse überbacken

Zutaten: 1 Gänsekeule, eine halbe Zwiebel, 1 Staudensellerie -
stengel, 1 Karotte, Kräutersträußchen, 200 g Grieß, 30 ml
Vollmilch, 50 ml Gänsebrühe vom Kochvorgang, 100 g
Süßrahmbutter, 2 frische Eier, 2 Eßlöffel frisch geriebener
Parmesankäse, Salz, 100 g geräucherte pommersche Gänse-
brust, 200 g Allgäuer Bergkäse - Scheiben.

Zubereitung:

Wir entfernen die Haut von der Gänsekeule und bereiten
mit der gehackten Zwiebel, gehacktem Sellerie und der Karotte,
sowie den Kräutern eine Brühe.
Wenn die Keule gegart ist, lösen wir das Fleisch vom Knochen
und schneiden es in sehr kleine Würfelchen.
Die wenig gesalzene Brühe lassen wir etwas einkochen und
bringen sie dann mit der Milch zum Kochen, streuen den
Grieß ein, lassen ihn einige Minuten kochen und fügen
zum Schluß die Butter zu.
Die Eier und die Fleischwürfel einarbeiten und gleich
umgießen, um die Masse etwas abzukühlen.
Mit einem Teelöffel stechen wir Grießklößchen ab und
setzen diese in ausgebutterte feuerfeste Förmchen.
Dünne Scheiben Allgäuer Bergkäse über die vorher eingelegten
Gänsebrustscheiben schichten, flüssig gemachte Butter drüber-
gießen und überbacken. Heiß auf den Tisch bringen.

Eine interessante Art Kalbsschnitzel zu servieren bietet dieses Gericht. Wir trinken dazu einen sortentypischen Kerner oder einen fruchtigen Portugieser Weißherbst (beides Spätlesen).

Kalbsschnitzel auf besondere Art

Zutaten: 4 Kalbsschnitzel von je 100g und möglichst in einer Dicke von einem Zentimeter, 5 EL Olivenöl, 2 gewässerte und gehackte Anchovis, 50g feingewürfelter roher Schinken, 1 feingehackte Hühnerleber, 1 Eßlöffel Kapern, 1 feingehackte Knoblauchzehe, den Saft und die abgeriebene Schale einer unbehandelten Zitrone, 1 kleines Bündel Salbei, Salz und weißer Pfeffer.

Zubereitung:

In einer tiefen Pfanne erhitzen wir das Olivenöl. Die vorbereiteten Anchovis, Rohschinken, Hühnerleber, Kapern, Knoblauchwürfel, die Zitronenschale und die Salbeiblätter hineingeben und unter Rühren anbraten. Dann die nicht gesalzenen Kalbsschnitzel in die Pfanne einlegen, anbraten, salzen und pfeffern, den Zitronensaft darüberträufeln und die Kalbsschnitzel zugedeckt garen. Wenn wir das Gericht servieren möchten entfernen wir vorher das Salbeibündel.

Auf vorgewärmten Tellern anrichten.

— Dieses relativ schnell bereitete Gericht kann mit Spaghetti oder mit körnigem Langkornreis und gedünsteten Karotten serviert werden. —

Kalbsschnitzel stets „durch" braten, aber nicht zu lange, denn sonst wird es hart und trocken.

Der Mangoldkuchen paßt zu einem würzigen, halbtrockenen Silvaner oder einem nervigen, fruchtigen Traminer (auch Morio). Es darf ein QbA-Wein oder ein Kabinett-Wein sein.

Mangold Kuchen

Wir bereiten als erstes einen Auslegeteig, indem wir 250g Mehl und etwas Salz in eine Schüssel geben und mit einer Gabel vermischen. Ein Ei, je 60 ml Olivenöl und Wasser zugeben, erneut mit einer Gabel verrühren und anschließend einen geschmeidigen, aber festen Teig kneten.

Diesen zu einer Kugel formen, mit einem Küchentuch bedecken und in warmer Küche mindestens 1 Stunde ruhen lassen.

Zutaten: 1 kg. Mangold (geputzt, blanchiert, ausgedrückt und kleingehackt), 50g frisch geriebenen Parmesankäse, Salz, frisch gem. Pfeffer, 1 EL Olivenöl, 2 Eier.

Zubereitung:

Mangold, Eier, Parmesan in einer Schüssel gründlich mit den Händen vermengen, salzen und pfeffern.

Aus dem Auslegeteig zwei Teile machen. Die erste Hälfte ausrollen und eine leicht geölte Springform belegen. Teigrand etwas überstehen lassen bzw. hochdrücken.

Mangoldfüllung mittig verteilen und gleichmäßig ausbreiten. Zweite Teighälfte in gleicher Stärke ausrollen und auf die Füllung legen. Teigränder zu einem Wulst formen und mit eingemehltem Daumen riefeln.

In die Teigdecke mit einer schräg gehaltenen spitzen Schere an vier bis fünf Stellen Einschnitte machen, damit Dampf entweichen kann. Teigdeckel und -rand dünn mit Öl bepinseln.

30 Min. backen, bis Kuchen appetitlich gebräunt ist.

Die Weine von 1888. Eine humorvolle Abfassung von Johannes Trojan aus Danzig.

Über die Person des Verfassers:
Heute vor mehr als 100 Jahren wurde über die 1888er Weine gedichtet von Johannes Trojan, geboren 1837 zu Danzig, der als witziger „Kladderadatsch-Redakteur" und Dichter feuchtfröhlicher Rhein- und Moselweinlieder ein liebenswürdiger Humorist und feinsinniger Poet war.
Seine Schriftenauswahl umfasste 14 Bände, in 44 Jahrgängen des „Kladderadatsch" hat er eine Unzahl von Versen, Witzen und satirischen Zeitglossen veröffentlicht.
Seine Poesie erhielt er von drei Dingen:
Vom Patriotismus, von der Liebe zu Bismarck und zum Wein.
Der Wein ist ihm in allen Tagen der beste Freund, Tröster und Arzt.
Gegen die Weinpanscher hat er's besonders scharf, er stichelte sie, wo er konnte:
„Zur Untersuchung von Wein ist ein Chemiker sehr gut geeignet. Man macht es aber am besten so, dass man den Chemiker zuerst den Wein trinken lässt und dann am andern Tage den Chemiker untersucht".

„In diesem Jahr am Rheine sind leider gewachsen Weine,
Die an Wert nur geringe, es reiften nur Säuerlinge,
Im Verlauf dieses Herbstes; nur Herberes bracht er und Herbstes
Zu viel Regen, zu wenig Sonnenschein ließ erhofften Segen zerronnen sein,
Nichts Gutes floß in die Tonnen ein.

Der 88er Rheinwein ist, leider Gottes, kein Wein, um
Leidende zu laben, um Gram zu begraben,
Um zu vertreiben Trauer; er ist dafür zu sauer.

An der Mosel steht es noch schlimmer, da hört man nichts als Gewimmer,
Nichts als Ächzen und Stöhnen von den Vätern und Söhnen,
Den Müttern und Töchtern über den noch viel schlechtern Ertrag der heurigen Lese.
Der Wein ist wahrhaftig böse, ein Rachenputzer und Krätzer;
Wie unter Gläubigen ein Ketzer, wie ein Strolch, ein gefährlicher,
In dem Kreise Ehrlicher unter guten Weinen erscheint er.
Aller Freude ist Feind er, aller Lust ein Verderber,
Sein Geschmack ist fast noch herber als der des Essigs, des reinen;
Ein Wein ist es zum Weinen.

Aber der Wein, der in Sachsen in diesem Jahr ist gewachsen
Und bei Naumburg im Tale der rasch fließenden Saale,
Der ist saurer noch viele Male aus der sauerste Moselwein.
Wenn du ihn schlürfst in dich hinein, ist dir's als ob ein
Stachelschwein dir kröche durch deine Kehle,
Das deinen Magen als Höhle erkor, darin zu hausen.
Angst ergreift dich und Grausen.

Aber der Grünberger ist noch sehr viel ärger.
Laß ihn nicht deine Wahl sein! Gegen ihn ist der Saalwein
Noch viel süßer als Zucker.
Er ist ein Wein für Mucker, für die schlechtesten Dichter und dergleichen Gelichter.
Er macht lang die Gesichter, blaß die Wangen; wie Rasen so grün färbt er die Nasen.
Wer ihn trinkt, den durchschauert es. Er hat etwas so
Versauertes, dass es sich nicht lässt mildern und nur schwer ist zu schildern in
Worten und Bildern.

Aber der Züllichauer ist noch zwölfmal so sauer,
Als der Wein von Grünberg, der ist an Säure ein Zwerg
Gegen den Wein von Züllichau.
Wie eine borstige, wilde Sau zu einer zarten Taube,
So verhält sich, das glaube, dieser Wein zu dem Rebensaft
Aus Schlesien. Er ist schauderhaft, er ist grässlich und gräulich,
Über die Maßen abscheulich.
Man sollt ihn nur, auf Schlächterbänken den Gästen in die Becher schenken,
Mit ihm nur schwere Verbrecher tränken. Aber nicht ehrliche Zecher kränken.

Wenn du einmal kommst in diesem Winter nach Bomst,
Deine Erfahrung zu mehren, und man setzt, um dich zu ehren,
Dir heurigen Bomster Wein vor, dann, bitt ich dich,
Sieh dich fein vor, dass du nichts davon verschüttest und dein Gewand nicht zerrüttest,
Weil er Löcher frisst in die Kleider und auch in das Schuhwerk leider.
Denn dieses Weines Säure ist eine so ungeheure,
Daß gegen ihn Schwefelsäure der Milch gleich ist,der süßen,
Die zarte Kindlein genießen.
Fällt ein Tropfen davon auf den Tisch so fährt er mit
Lautem Gezisch gleich hindurch durch die Platte.
Eisen zerstört er wie Watte, durch Stahl geht er wie Butter,
Er ist aller Sauerkeit Mutter.
Stand halten vor diesem Sauern weder Schlösser noch Mauern.
Es löst in dem scharfen Bomster Wein sich Granit auf und Ziegelstein.
Diamanten werden sogleich, in ihn hineingelegt, flaumenweich,
Aus Platina macht er Mürbeteig.
Dies vergiß nicht, wenn du kommst in diesem Winter einmal nach Bomst".

Ess und trink

Sei fröhlich auf Erd

Glaub nicht, dass es besser werd!

Ein Bauernsohn dichtet.

Es wurde nicht jedem Menschen in die Wiege gelegt, daß er sein Leben unbesorgt und nach freiem Willen gestalten kann.
Wenn es ihm versagt ist, einem künstlerischen Triebe zu folgen, weil er etwa keine höhere Lehranstalt zu seiner weiteren Ausbildung nutzen kann, so wird dies für ihn trotzdem kein Hinderungsgrund sein, sich der gewählten Muse zuzuwenden.

Aus einer Hinterlassenschaft fiel mir vor einigen Jahren ein Gedichtband aus Monsheim in Rheinhessen/Südlicher Wonnegau zu. Die Gedichte stammen aus der Zeit um 1890 und wurden von einem einheimischen Bauernsohn verfasst, den sein Drang nach einer geistigen Beschäftigung veranlasste, seiner Muse nicht nur in den wenigen freien Stunden daheim sondern auch während seinen bäuerlichen Verrichtungen auf dem Feld, hinter dem Pfluge oder auf der Tenne nachzugehen.

Der Verfasser dieses Gedichtbandes schreibt in seinem Vorwort in der damals gebräuchlichen Weise:
„Auf diese Weise entstand nach und nach eine Anzahl Gedichte, die er zu einem Kranz gewunden hat, um ihn in diesem Büchlein freundlicher Leserin und geneigtem Leser zu einer wohlwollenden und nachsichtigen Beurtheilung zu überreichen, wünschend, er möge in seiner, den Feldblumen gleichenden Einfachheit, edelsinnigen Herzen die enteilende Stunde lind verschönen, durchweht vom Hauche des Wahren und Reinen“:

Die einzelnen Gedichte gehen an's Herz in ihrer schlichten und doch vielsagenden Art.
Man braucht eine gewisse Zeit, um sich in die Denkweise der damaligen Zeit zu versetzen und stellt doch bald fest, wie tief ein Mensch in seine Arbeit, seine Zeit verwurzelt sein kann.
Aber vor allem auch den Mut hatte, frei seine Gefühle zu äußern, also etwas zu offenbaren, was ein Mensch der heutigen Zeit wahrscheinlich nur noch selten kann.

Da der Geburts- und Wohnort des Verfassers in der Nähe des sagenumwobenen Rheines stammt, was lag ihm da wohl näher als Gedichte über diesen deutschen Strom zu verfassen.

Ich stand im Abendglühen.

Ich stand im Abendglühen am wunderschönen Rhein und sah die Wellen ziehen dahin im Abendschein.
Sie glänzten licht und golden, sie strahlten glutumhaucht, als sie vorüber rollten, in Abendlicht getaucht.
Beflaggte Schifflein zogen vorbei im Abendduft, und stille Schwäne flogen hellschimmernd durch die Luft.
Es tönte leises Singen entlang am Uferrand, und Abendglockenklingen herüber von dem Land.
Die Berge voller Reben, die Wälder grün und frisch, ringsum ein fröhlich Leben und reich gedeckt den Tisch.
Da konnt' ich mir nicht wehren, ich segnete den Rhein, und trank, dem Rhein zu Ehren, von seinem besten Wein.

Als dichtendem Landmann hinter dem Pfluge waren für diesen Bauernsohn die verschiedenen Jahreszeiten das ganze Jahr durch allgegenwärtig.

Über den Sommer und über den Herbst fand er folgende Zeilen:

Der Sommertag.

Die Schnitter geh'n zur Ernte jetzt ins reife Aehrenfeld hinaus; der Mäher seine Sense wetzt und holt zum Mähen kräftig aus.

Gar fleißig ihre Sichel schwingt die sonngebräunte Schnitterin; es rauschet durch das Feld, es sinkt das dürre Korn zur Erde hin.

Rasch führt den Erntewagen her der Rosse schaumbedeckt Gespann, und mit den Garben hoch und schwer beladen, geht's zur Scheune dann.

Weicht spät der Tag und kommt zur Ruh' der letzte Abendglockenklang, schafft noch der Landmann immerzu im reifen Aehrenfeld entlang.

So steht am heißen Sommertag der Landmann und das liebe Brod in harter Arbeit, schwerer Plag', vom Morgen bis zum Abendroth.

Im Herbst.

Frohe Stimmen jauchzend schallen von den rebenreichen Höh'n, Feuer lodern, Böller knallen in die Thäler mit Gedröhn.

Nebel zieht um das Gelände, streitend mit dem Sonnenschein, und es sammeln flinke Hände goldgereifte Trauben ein.

Winzerin, die schöne, droben ruft zum Mahl an Hügels Rand, und der Becher hocherhoben funkelt hell in ihrer Hand.

Freudig lagert in der Runde sich die Schaar zum Mahle dahin, singt mit liederfrohem Munde, preisend Wein und Winzerin.

Das stärkste Band der geistigen Einheit ist die deutsche Sprache

Der Eiswein nochmals im Detail.

Die Herstellung eines naturreinen Eisweines ist das Meisterstück des Winzers. Der Aufwand bei der Lese ist groß, der Ertrag dagegen gering. Ohne die wetterfeste Folie, die zum Schutz vor Regen, Hagel, Sturm, Vogelfraß und anderen Unwägbarkeiten um die Rebzeilen gezogen wurde, könnte Totalverlust drohen.

Hauptlesemonat bei uns ist der Dezember, jedoch im Januar, sogar Februar ist eine Lese möglich. Das Thermometer muss mindestens 7 Grad minus zeigen, noch besser können minus 10 bis minus 12 Grad sein.

Das Mittelmaß des Mostgewichtes sind 125° Oechsle, es darf sich aber zwischen 110° bis 128° Oechsle bewegen. Der Eiswein weist eine weitere Besonderheit auf: Sein Geheimnis ist die dichte Konzentration der Beeren-Inhaltsstoffe und der Säuregrad ist hoch und relativ stabil. Beides wird durch das Gefrieren der Trauben direkt am Rebstock erreicht. Die natürlich gefrorenen Trauben, alle handverlesen, werden sofort danach „eisig" gekeltert. Dadurch bleibt das in den Beeren enthaltene Wasser als Eis auf der Kelter zurück und nur der süßeste Saft wird als hochkonzentrierter Most gewonnen. Erklären lässt sich das so, daß der Gefrierpunkt des süßen Saftes tiefer liegt als der Gefrierpunkt von Wasser.
Gesundes Traubengut sind die Grundvoraussetzungen beim Eiswein. Niemals darf das Lesegut einen Botrytis-Befall aufweisen, welcher für die sogenannte Edelfäule verantwortlich zeichnet, wie wir die bei anderen edelsüßen Gewächsen wie einer Beeren- oder Trockenbeerenauslese kennen und schätzen. Ein hochwertiger Eiswein weist also geschmacklich nicht die Charakteristika einer Edelfäule auf. Seine Vorzüge liegen im frischen, konzentriert-fruchtigen Geschmack. Er schmeckt uns schon in jüngeren Jahrgängen und bleibt in der Flasche fast unbegrenzt haltbar.

Mit Beginn deutscher Wintermonate werden Eisweinfreunde und - Sammler aus aller Welt immer unruhiger und wünschen sich vom Wettergott sinkende Thermometer und Kälteeinbrüche. In Gedanken sind sie mit dabei, wenn bei schneebedeckten Boden, bei klarem Nachthimmel mit Vollmond oder am frühesten Morgen die steinhart gefrorenen Trauben flugs zur Kelter wandern.

Deutsche Eisweine sind eine Rarität und liefern den Beweis, dass gerade aus unseren kälteren Weinbauregionen extraktreiche und vollmundige Edelweine in Keller und Gläser gelangen. Glücklich, wer gute Bezugsquellen kennt. Der Preis für diese Preziosen liegt höher und er regelt sich durch alte Kaufmannsweisheit, daß die Nachfrage den Preis regeln kann.

Der Wein ist der Meister der Menschen und Geister.

Wer Wein verlangt keltre reife Trauben.

Ein Volkslied erklingt.

„Wo man singt, da lass dich ruhig nieder. Böse Menschen haben keine Lieder"
Diesen Ausspruch kennen Sie doch sicher noch!
Über Wein und Reben lässt sich viel berichten und viel singen.
Weinlieder passen zu allen Gelegenheiten. Sie gehören mit zu unserem Volksgut. Wir singen
in unserer Muttersprache.
Singen befreit uns. Ein Lied öffnet unsere Seelen. Wir drücken in ihm aus, was wir
empfinden, was uns bewegt, uns erfreut, uns bedrückt. Ein Lied lässt uns träumen.
Liedtexte können realistisch sein; sie sprechen oft die Wahrheit und verbrämen wenig.
Ein Lied verbindet Menschen und schafft Gemeinsamkeit. Es ruft Tage der Kindheit und der
Familie zurück, man denkt an die Singstunden in der Volksschule, Gedanken an die
Studentenzeit tauchen auf, Wanderlieder-Tage erscheinen vor unseren Augen und liebe
Erinnerungen kehren zurück.
Der große deutsche Dichter Johann Wolfgang von Goethe reimte dereinst:

> Die Nachtigall, sie war entfernt
> Der Frühling lockt sie wieder;
> Was neues hat sie nicht gelernt
> Singt liebe, alte Lieder.

Viele Leute singen heute noch gerne. Wenn Sie selbst lange nicht mehr dabei gewesen sind,
dann werden Ihnen die Texte einiger Lieder dabei helfen, nicht still zwischen Sängern zu
sitzen.

Die Männer könnten ja den Singreigen beginnen, wenn zum Beispiel der Baß eröffnet:
„Ein Prosit bringet Euch der Baß. In vino veritas". Es folgt der Tenor:"Auch der Tenor erhebe
sein Glas. In vino, in vino veritas".

In Deutschland gibt es viele Sängerkreise. Jeder Sängerkreis hat sein eigenes Lied.
Das Land Rheinland-Pfalz singt folgende Strophen:

„Du Land der Burgen, der Berge und Wälder, dein Schmuck sind die Reben, die Saaten der
Felder.
Du bettest den Strom, das heilige Band der Menschen vom Rhein, vom klingenden Land".

Joseph Freiherr v. Eichendorff (1788-1857) dichtete:

Wem Gott will rechte Gunst erweisen

Wem Gott will rechte Gunst erweisen, den schickt er in die weite Welt, dem will er seine
Wunder weisen in Berg und Wald und Strom und Feld.

Die Bächlein von den Bergen springen, die Lerchen schwirren hoch vor Lust, was sollt ich nicht mit ihnen singen aus voller Kehl und frischer Brust!

Den lieben Gott lass' ich nur walten; der Bächlein, Lerchen, Wald und Feld und Erd und Himmel will erhalten, hat auch mein Sach aufs best bestellt.

Geht es ohne das folgende Lied mit allen Strophen?

H o c h   a u f   d e m   g e l b e n   W a g e n

Hoch auf dem gelben Wagen sitz ich beim Schwager vorn. Vorwärts die Rosse traben, lustig schmettert das Horn. Felder, Wiesen und Auen, leuchtendes Ährengold, ich möchte gern bleiben und schauen, aber der Wagen der rollt.
Flöten hört ich und Geigen, lustiges Bassgebrumm. Junges Volk im Reigen tanzt um die Linde herum. Fliegen die Röcke im Winde, jauchzt es und lacht und tollt. Ich bliebe so gern bei der Linde, aber der Wagen der rollt.
Postillon in der Schänke füttert die Rosse im Flug. Schäumendes Gerstengetränke reicht der Wirt uns im Krug. Hinter den Fensterscheiben lacht ein Gesicht so hold. Ich möchte so gerne noch bleiben, aber der Wagen, der rollt.
Sitzt einmal ein Gerippe dort bei dem Schwager vorn, schwingt statt der Peitsche die Hippe, Stundenglas statt Horn, sag ich: Ade nun, ihr Lieben, die ihr nicht mitfahren wollt. Ich wäre so gern noch geblieben, aber der Wagen, der rollt.
(Schwager = Postkutscher)

Das folgende Lied ist uns allen noch wohlbekannt. Es spricht uns alle an.

G o l d   u n d   S i l b e r   l i e b   i c h   s e h r

Gold und Silber lieb ich sehr, kann's wohl auch gebrauchen, hätt ich doch ein ganzes Meer, mich darin zu tauchen. Braucht ja nicht geprägt zu sein, hab's auch so ganz gerne, sei's des Mondes Silberschein, sei's das Gold der Sterne.
Sei's des Mondes Silberschein, sei's das Gold der Sterne.

Doch viel schöner ist das Gold, das vom Lockenköpfchen, meines Liebchens niederrollt, in zwei blonden Zöpfen. Darum komm, mein liebes Kind, lass uns herzen küssen, eh die Locken silbern sind und wir scheiden müssen.
Eh die Locken silbern sind und wir scheiden müssen.

Seht, wie blinkt der goldne Wein hier in meinem Becher, horcht, wie klingt so silberrein froher Sang der Zecher! Dass die Zeit einst golden war, wer wollt das bestreiten, denkt man doch im Silberhaar gern vergangner Zeiten.
Denkt man doch im Silberhaar gern vergangner Zeiten.

Vielleicht nimmt man von jemanden Abschied, der eine lange Reise antritt, vielleicht gar über das große Wasser.

M o r g e n   m u s s   i c h   f o r t   v o n   h i e r

Morgen muss ich fort von hier, und muss Abschied nehmen. O du allerschönste Zier, Scheiden, das bringt Grämen. Da ich dich so treu geliebt über alle Maßen, soll ich dich verlassen, soll ich dich verlassen.

Wenn zwei gute Freund sind, die einander kennen. Sonn und Mond bewegen sich, ehe sie sich trennen. Noch viel größer ist der Schmerz, wenn ein treu geliebtes Herz, in die Fremde zieht, in die Fremde zieht.

Küsset dir ein Lüftelein Wangen oder Hände. Denke, dass es Seufzer sein, die ich zu dir sende. Tausend schick ich täglich aus, die da wehen um dein Haus, weil ich dein gedenke, weil ich dein gedenke.

Nikolaus Lehnau (1802-1850) fand diese nachdenkenswerten, doch besinnlichen Verse:

D r e i   Z i g e u n e r

Drei Zigeuner fand ich einmal liegen auf einer Weide, als ich einsam in müder Qual schlich durch die sandige Heide.
Hielt der erste für sich allein in den Händen die Fiedel, spielte, umglüht vom Abendschein, sich ein feuriges Liedel.
Hielt er zweite die Pfeife im Mund, blickte nach ihrem Rauche, froh, als ob er vom Erdenrund nichts vom Glücke mehr brauche.
Und der dritte behaglich schlief, und sein Cymbal am Baume hing, über die Saiten der Windhauch lief, über sein Herz ein Traum ging.
An den Kleidern trugen die drei Löcher und Flicken, aber sie boten trotzig frei Spott den Erdengeschicken.
Dreifach haben sie mir gezeigt, wenn das Leben uns nachtet, wie man's verraucht, verträumt, vergeigt und es dreimal verachtet.

Ein Weinlied aus Franken wurde mir zugestellt, welches mündlich überliefert wurde.
Die Noten liegen vor, aber die Melodie ist mir unbekannt. Ein sehr schöner Text

W i r   l a g e r t e n   a m   H e c k e n d o r n

Wir lagerten am Heckendorn umringt von grünen Ranken und tranken aus dem kühlen Born den edlen Wein aus Franken.Er geht herum im Kreise und kommt zur Ruhe nie, ja nie.
Dazu ertönt die Weise: Zieh, Schimmel, zieh, ja zieh! Dazu ertönt die Weise: Zieh, Schimmel, zieh!

Es hatt' einmal ein Klosterknecht vor langen, langen Jahren, Weinfässer in `nem Korbgeflecht ins Land des Mains zu fahren. Es stak im Straßenkote das Rösslein bis ans Knie, ja Knie. Der Fuhrmann bat und drohte: „Zieh, Schimmel, zieh.....

Es knarrt das Rad, die Deichsel kracht, es bricht die Wagenleiter. Und ob der Fuhrmann schalt' und droht', der Brave konnt' nicht weiter. Er hebt und senkt die Ohren trotz Peitsche, Hott und Hüh, ja Hüh. Die Mahnung ging verloren:"Zieh, Schimmel, zieh......

Da sah der Knecht die Fässer an: „Mich dünkt, sie sind zu schwere. Ich glaub, es wäre wohlgetan, wenn ich das kleinste leere." Aus trank er eins der Fässer – der Herr ihm Kraft verlieh, ja – lieh. Da rief er: „Jetzt geht's besser. Zieh, Schimmel, zieh........

Am siebten Tag vorm Kloster hielt das Schimmeltier, das brave, und auf den leeren Fässern lag der Klosterknecht im Schlafe. Des Pförtners Lachen gellte, der Kellermeister schrie, ja schrie! Der Fuhrmann selig lallte: „Zieh, Schimmel, zieh......

Da sprach der Prior mit Bedacht: „Wir wollen ihm vergeben. Wo man den Bock zum Gärtner macht, gedeihen keine Reben. Der Trank sei ihm gegonnen. Noch manches Fass liegt hie, ja hie. Steckt an den Labebronnen! Zieh, Schimmel, zieh.....".

Aus Hessen stammt das allseits bekannte Lied

D i e   G e d a n k e n   s i n d   f r e i

Die Gedanken sind frei! Wer kann sie erraten? Sie fliehen vorbei wie nächtliche Schatten. Kein Mensch kann sie wissen, kein Jäger erschießen; es bleibet dabei: Die Gedanken sind frei!

Ich denk, was ich will und was mich beglücket, doch alles in der Still und wie es sich schicket. Mein Wunsch und Begehren kann niemand verwehren, es bleibet dabei:
Die Gedanken sind frei!

Und sperrt man mich ein im finsteren Kerker, das alles sind rein vergebliche Werke; denn meine Gedanken zerreißen die Schranken und Mauern entzwei: Die Gedanken sind frei!

Drum will ich auf immer den Sorgen entsagen und will mich auch nimmer mit Grillen mehr plagen. Man kann ja im Herzen stets lachen und scherzen und denken dabei: Die Gedanken sind frei!

Der Mai ist gekommen.

1. Der Mai ist gekommen, die Bäume schlagen aus. Da bleibe, wer Lust hat mit Sorgen zuhaus. Wie die Wolken dort wandern am himmlischen Zelt. So steht auch mir der Sinn in die weite, weite Welt.
2. Herr Vater, Frau Mutter, dass Gott euch behüt`. Wer weiß, wo in der Ferne mein Glück mir noch blüht. Es gibt so manche Straße, die nimmer ich marschiert. Es gibt so manchen Wein, den ich nimmer noch probiert.
3. O Wandern, o Wandern, du freie Burschenlust. Da wehet Gottes Odem so frisch in der Brust. Da singet und jauchzet das Herz zum Himmelszelt. Wie bist du doch so schön, o du weite, weite Welt.

Sah ein Knab ein Röslein stehn

Sah ein Knab ein Röslein stehn, Röslein auf der Heiden. War so jung und morgenschön, lief er schnell es nah zu sehn. Sah`s mit vielen Freuden.
Röslein, Röslein, Röslein rot. Röslein auf der Heiden.

Knabe sprach: „Ich breche dich, Röslein auf der Heiden". Röslein sprach:
„Ich steche dich, dass du ewig denkst an mich. Und ich will`s nicht leiden.
Röslein, Röslein, Röslein rot. Röslein auf der Heiden.

Und der wilde Knabe brach`s Röslein auf der Heiden. Röslein wehrte sich und stach, half ihm doch kein Weh und Ach, musst es eben leiden.
Röslein, Röslein, Röslein rot. Röslein auf der Heiden.

Kurfürst Friedrich von der Pfalz

Wütend wälzt sich einst im Bette Kurfürst Friedrich vun de Palz, gegen jede Etikette brüllte er aus vollem Hals: „Wie kam gestern ich ins Nest, bin scheint`s wieder voll gewest?! Wie kam gestern ich ins Nest, bin scheint`s wieder voll gewest".
„Na, ein wenig schief geladen" grinste drauf der Kammermohr, selbst von Mainz des Bischofs Gnaden kamen mir benebelt vor. S`war halt doch ein schönes Fest, alles wieder voll gewest. S`war halt doch ein schönes Fest, alles wieder voll gewest".
„So!Du findest das zum Lachen, Sklavenseele, lache nur, künftig werd ich`s anders machen, Hassan, höre meinen Schwur: S`letzte mal bei Tod und Pest, war es, dass ich voll gewest, s`letzte mal bei Tod und Pest war es, dass ich vollgewest!"
„Will ein christlich Leben führen, ganz mich der Erbauung weihn, um mein Tun zu kontrollieren, trag ich`s in mein Tagbuch ein. Und ich hoff, dass ihr nicht lest: Gestern wieder voll gewest. Und ich hoff, dass ihr nicht lest: Gestern wieder voll gewest!"
Als der Kurfürst kam zum Sterben, machte er sein Testament und es fanden seine Erben auch ein Buch aus Pergament. Drinnen stand auf jeder Seit: Seid vernünftig, liebe Leut. Drinnen stand auf jeder Seit: Seid vernünftig, liebe Leut!
Hieraus mag nun jeder sehen, was ein guter Vorsatz nützt. Und wozu auch widerstehen, wenn der volle Becher blitzt. Drum stoßt an, postatum est, alles wieder voll gewest, drum stoßt an, postatum est, alles wieder vollgewest.

Jede Weinprobe und jeder vergnügliche Abend beim Winzer in dessen Keller oder jeder gelungene Abend mit Verwandten, Freunden in der eigenen Wohnung findet einmal ein Ende. Die Stunde des Abschieds naht.

Das folgende Lied wurde früher zum Abschied gespielt, wenn ein Überseedampfer vom Pier losgelegt hat und Angehörige mit hinaus genommen hat in ein fernes Land.

Das soll aber heute kein Grund zum Schweigen sein, denn die Leute, die wir heute mit diesen Strophen sozusagen bei uns „entlassen", die sieht man ja bald wieder.

M u ß i d e n n , m u ß i d e n n z u m S t ä d t e l e n a u s

Muß i denn, muß i denn zum Städtele naus, Städtele naus und du mein Schatz bleibst hier.
Wenn i komm, wenn i komm, wenn i wiederum komm, wiederum komm, kehr i ei, mei Schatz bei dir.
Kann i glei net allweil bei dir sein, han ich doch mei Freud an dir!
Wenn i komm, wenn i komm, wenn i wiederum komm, wiederum komm, kehr i ei, mei Schatz bei dir.

Wie du weinst, wie du weinst, dass i wandere muß, wandere muß, wie wenn d'Lieb jetzt wär vorbei! Sind au drauß, sind au drauß der Mädele viel, Mädele viel, lieber Schatz, i bleib dir treu-
Denk du net, wenn i ei andre sieh, so sei mei Lieb vorbei.
Sind au drauß, sind au drauß der Mädele viel, Mädele viel, lieber Schatz, i bleib dir treu.

Übers Jahr, übers Jahr, wenn mer Träubele schneidt, Träubele schneidt, stell i hier mi wiedrum ei. Bin i dann, bin i dann dei Schätzele no, Schätzele no, so soll die Hochzeit sei.
Übers Jahr, do ist mei Zeit vorbei, do ghör i mei und dei.
Bin i dann, bin i dann dei Schätzele no, Schätzele no, so soll die Hochzeit sei.

Ich hoffe, er hat Spaß gemacht der kleine Kursus Singen,
Die Gläser wurden niemals leer und konnten hell erklingen
Der Wein machte selig und hat wohl berauscht
Es hat keinen gewundert, niemand hat uns belauscht
Ruhe ziehet nun ein, doch müssen wir gehen
Kennt noch jemand ein Lied? Auf Wiedersehn!

BILDQUELLEN-NACHWEIS

Die angeschriebenen Orts- und Stadtverwaltungen, Bürgermeistereien, Winzerbetriebe, Winzergenossenschaften, Weinbaudomänen, PR-Agenturen, Privatpersonen stellten Bildmaterial zum Abdruck zur Verfügung.
Herzlichen Dank dafür.

Auf den Seiten 4,12 und 26 Tourismusverband „Sächsisches Elbland" e.V. 01662 Meissen

Auf den Seiten 14 und 15   Bürgermeisteramt 79418 Schliengen und
                            Agentur für PR+Marketing Dr.Dieter Simon, 77855 Achkarren

Auf Seite 16   Kaiserstühler Touristik-Information 79235 Vogtsburg i.K.

Auf Seite 17   Kaiserstühler Winzergenossenschaft Ihringen i.K.
                            Stadtverwaltung und Fremdenverkehr 56349 Kaub/Rhein

Auf Seite 18   Tourist-Information 74206 Bad Wimpfen-Gundelsheim
                            Staatliche Weinbaudomäne Oppenheim/Rheinhessen

Auf Seite 19   Bechtheim/Rheinhessen i.d. Verbandsgemeinde Westhofen/Rhh.
                            Försters Weinterrassen 53474 Walporzheim/Ahr

Auf Seite 20   Verbandsgemeinde Langenlonsheim-Guldental / Nahe

Auf Seite 21   Congress-Tourismus-Wirtschaft 97070 Würzburg/Main

Auf Seite 22   Stadtarchiv 65385 Rüdesheim/Rhein, Markt 16
                            Tourist-Info Magistrat 64646 Heppenheim/Bergstraße

Auf Seite 23   Verein für Fremdenverkehr 67157 Wachenheim/Pfalz

Auf Seite 24   Gebietsweinwerbung Saale-Unstrut 06632 Freyburg
                            Weinhandel Kunzelmann 79235 Vogtsburg-Achkarren

Auf Seite 25   Touristen-Information 54349 Trittenheim + Piesport/Mosel

Auf Seite 27   Winzerverein Hagnau eG 88709 Hagnau / Bodensee
                            Stadtverwaltung 97913 Lauda-Königshofen

Auf Seite 78   Die kleine Sophie aus Worms/Rhein

S C H L U S S W O R T

Es ist der Wunsch, der Sinn und der Zweck, mit der Herausgabe dieses deutschen Eiswein-Kochbuches die Preziosen Eiswein und Beerenauslesen verstärkt in unser Bewußtsein zu rücken und dabei Rezepte und Gerichte vorzustellen, die es lohnen sie kennen zu lernen und auf unseren Tisch zu bringen.
Diese praktisch fast ein Menschenleben lang lagerfähigen Weine erreichen auf allen großen Versteigerungen nur vorderste Plätze.
Ihre herrlichen Fruchtaromen, die beim Trinken fast zum Kauen verdichtet sein können, bleiben uns unvergesslich.
Doch wenn wir ihren Wert so sehr betonen, dann wollen wir nicht vergessen, dass ein Eiswein nicht nur dem Namen nach ein solcher ist, sondern dass er aus mehreren heimischen Rebsorten – sowohl weißen wie roten – gewonnen wird. Es kann demnach ein Ruländer-Eiswein, ein Spätburgunder-Eiswein oder ein Riesling-Eiswein sein.
Die Beeren- und Trockenbeeren-Auslesen dürfen wir ebenfalls dazu zählen.
Unser R i e s l i n g gilt als weltweit einzig unter allen Weinen!!
Er erreicht auf allen nationalen und internationalen Weinmessen und –kongressen die höchsten Ehren. Die deutschen Weinexporte sind im Jahre 2004 um ganze 17% gestiegen mit dem Riesling an der Spitze.
Es ist damit der Beweis erbracht, dass unsere Winzer den richtigen Weg eingeschlagen haben und ihre klassisch-handwerkliche Qualität sich durchgesetzt hat und gewürdigt wird.
Weine entstehen nicht nach einem vorgefertigten Schema, sondern sind das Ergebnis eines ständigen Kontaktes und einer Auseinandersetzung mit den Eigenschaften des Trauben-Lesegutes, der Vielfalt der Böden im Weinberg und der Allmutter Natur, die für einen Wein die Zeichen setzt.. Handwerk hat doch goldenen Boden!

Nicht nur als bekennender Weinfreund, sondern auch aus heimatlichem Stolz auf die Spitzengewächse aus den dreizehn deutschen Weinanbaugebieten war es eine Verpflichtung und gleichzeitig ein Vergnügen, Gerichte mit Eiswein und mit Beerenauslesen zu gestalten, zu kosten und zusammenzutragen und sie damit einer breiteren Öffentlichkeit vorzustellen.

Einen besonderen Dank an alle Beteiligten, seien es Köche, Gastwirte, Winzer und/oder Privatpersonen, die durch ihr Mitwirken eine Kochbuchgestaltung ermöglicht haben.
Dank auch den Winzergenossenschaften, den Orts- und Stadtverwaltungen, welche Bildmaterial zur Verfügung gestellt haben. Dadurch war es möglich, alle Anbaugebiete bildlich in schönen Aufnahmen vorzustellen (siehe den Bildquellen-Nachweis).

Werden Sie, liebe Leserin, lieber Leser in urigen tiefen Weinkellern, historischen Gasthöfen im Lande, traditionsreichen Hotels, in modernen Lokalitäten, auf Winzerfesten oder auf Kirchweihen bald fündig und verwöhnen sie sich, ihre Familie und Freunde mit den Rezepten unseres Eiswein-Kochbuches. Auch wenn das anfangs erwähnte hervorgeholte Licht durch einen Luftzug mal kurz verlöscht – Eisweine und Beerenauslesen munden auch im Finsteren.